AF639228

WHERE
MEMORIES
ARE
MADE

Nora Klinger / Gesine Palm

BERLIN FÜR TEENAGER

DIE COOLSTEN ORTE ZUM ERLEBEN, STAUNEN UND SHOPPEN

BEBRA VERLAG

NORA ist 14 Jahre alt und geht am Rande Berlins zur Schule. In ihrer Freizeit liebt sie es, Fußball zu spielen und ins Stadion zu gehen. Musik mag sie auch gerne, sie spielt Geige und ein bisschen Klavier. Es macht ihr großen Spaß, immer mehr Ecken von Berlin zu entdecken.

GESINE wohnt in Zehlendorf. Sie geht in die 8. Klasse, spielt Fußball in einem Verein und lernt gerne mit ihren Freundinnen neue Sachen in Berlin kennen.

ÜBER UNS UND DAS BUCH

HALLO

Wir sind Gesine und Nora und leben schon unser ganzes Leben in Berlin. Seit einiger Zeit erkunden wir immer neue Ecken der Stadt alleine und haben viele tolle Orte, Läden und Sehenswürdigkeiten entdeckt, die ihr unbedingt besuchen solltet. Egal, ob ihr auch in Berlin wohnt oder zu Besuch kommt, es gibt hier richtig viele spannende Dinge zu entdecken und zu erleben. Bestimmt ist bei unseren Tipps auch etwas für euch dabei!

Wir wünschen euch viel Spaß in Berlin!

Gesine Nora

Einige unserer Tipps sind kostenlos, für andere Sachen reicht euer Taschengeld vielleicht nicht aus. Wir haben bei jedem Tipp dazugeschrieben, ob er umsonst ist oder eher wenig oder viel kostet. Es kommt aber natürlich immer drauf an, was ihr alles irgendwo macht oder wie viel ihr esst oder kauft.

😎 = *kostet nichts*

🤑 = *günstig (bis 10 €)*

🤑🤑 = *sollte man sich gönnen (bis 20 €)*

🤑🤑🤑 = *das bezahlen die Eltern (mehr als 20 €)*

BERLIN

* nicht so unser Revier, bestimmt gibt's da auch tolle Sachen!

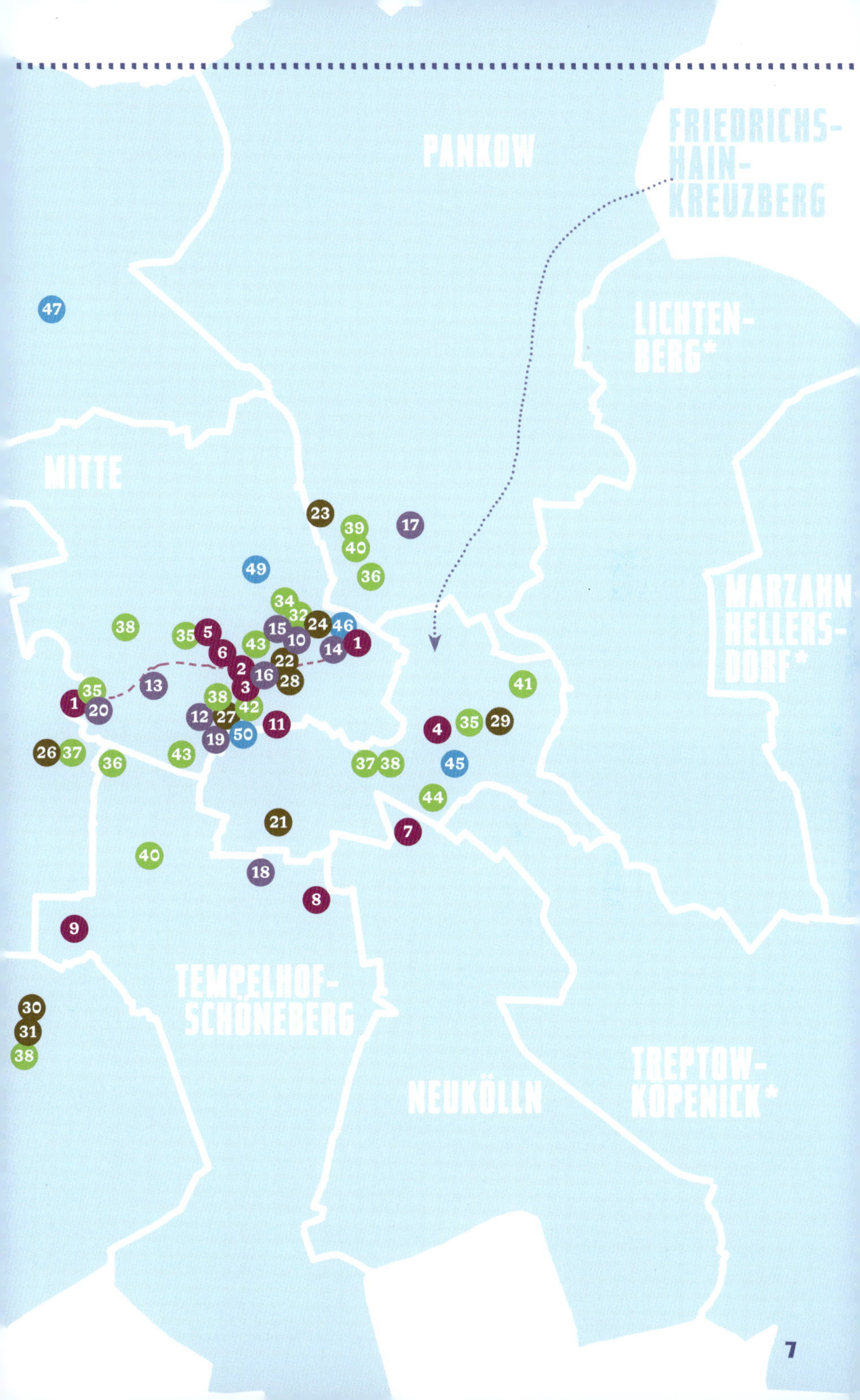
PANKOW
FRIEDRICHS-HAIN-KREUZBERG
LICHTEN-BERG*
MITTE
MARZAHN HELLERS-DORF*
TEMPELHOF-SCHÖNEBERG
NEUKÖLLN
TREPTOW-KÖPENICK*

Fahrscheine

LOW Budget

2

SIGHT Seeing

3

Shopping

4

Essen & Trinken

Sport & Spass

164
FIELD
BERLIN

1

LOW Budget

GUT DRAUF MIT (FAST) NIX INNER TASCHE

100er BUS

Budget

Der 100er-Bus fährt zwischen Alexanderplatz und Zoologischer Garten. Das Besondere an ihm ist, dass er an den meisten wichtigen Sehenswürdigkeiten vorbeiführt. Zum Beispiel an der Goldelse (der Siegessäule), dem Brandenburger Tor, dem Reichstagsgebäude, dem Fernsehturm und vielem anderen mehr. Der Bus fährt alle zehn Minuten und wenn man ein Tagesticket hat, kann man aussteigen, wo man möchte, sich alles angucken und danach zur nächsten interessanten Station weiterfahren.

ℹ Die Buslinie fährt zwischen Alexanderplatz und Zoologischer Garten. Informationen zu den Stationen und den Abfahrtszeiten gibt es auf www.bvg.de.

Triumph!
Das Brandenburger Tor ist einfach etwas sehr Spektakuläres, was man unbedingt mal gesehen haben muss.

Brandenburger TOR

Budget

Das Brandenburger Tor ist das bedeutendste Wahrzeichen Berlins, es steht am Pariser Platz im Zentrum Berlins. Die Quadriga ist die Skulptur, die das aus sechs Säulen bestehende Tor krönt. Sie stellt ein altes Vierergespann dar , das von der Siegesgöttin Viktoria geführt wird, die den Frieden in die Stadt bringen soll. Das Krasse, aber auch Schöne am Brandenburger

Tor: Es hat keine Funktion, es ist schlicht und ergreifend ein Triumphtor. Es finden dort häufig Demos oder Partys statt wie Fridays For Future oder die Rave The Planet Parade. Außerdem wurde dort der WM-Sieg 2014 gefeiert!

Pariser Platz, 10117 Berlin-Mitte · frei zugänglich · Nächstgelegene BVG-Station: S + U Brandenburger Tor

Extra-Tipp
Vom Brandenburger Tor aus ist es nicht weit zum Denkmal für die ermordeten Juden Europas (Tipp 3) und zum Potsdamer Platz, der Tiergarten beginnt gleich dahinter und man kann die Straße Unter den Linden vom Pariser Platz aus entlangschlendern.

Das Holocaust-Mahnmal ist ein spannender, beeindruckender Ort des Gedenkens und in jedem Fall einen Besuch wert.

DENKMAL FÜR DIE ERMORDETEN JUDEN EUROPAS

Budget

Das Denkmal für die ermordeten Juden Europas, auch Holocaust-Mahnmal genannt, erinnert an die rund sechs Millionen ermordeten Juden in Europa. Das Denkmal besteht aus 2711 grauen Betonklötzen, die auf einer unebenen Fläche stehen, manche größer, manche kleiner, das ergibt ein schönes Wellenmuster. Es ist ein sehr beeindruckendes Gefühl, wenn man zwischen den Steinen läuft. Auf manche wirkt es vielleicht schwindelerregend oder verunsichernd, es kann aber auch sehr beruhigen und nachdenklich machen. Man kann dort herumlaufen und Fotos machen oder auch einfach nur die Stille genießen. Aber man sollte dem Ganzen mit viel Respekt gegenübertreten. Es ist kostenlos und von allen Seiten zugänglich, unten gibt es noch den Ort der Information, der nicht kostenlos ist, aber sehr spannend. Es gibt dort Themenräume wie den Raum der Dimensionen, den Raum der Familien, den Raum der Namen oder den Raum der Orte. Dort werden persönliche Schicksale mit Bildern, Tagebüchern und Abschiedsbriefen vorgestellt. Historisches Film- und Fotomaterial zeigt Orte der Verfolgung und Vernichtung.

ⓘ Cora-Berliner-Straße 1, 10117 Berlin-Mitte ⓘ frei zugänglich ⓘ Nächstgelegene BVG-Station: Berlin, Hannah-Arendt-Str.

EXTRA-TIPP Das Brandenburger Tor (Tipp 2) ist gleich um die Ecke, genauso wie der Potsdamer und der Leipziger Platz.

GUT ZU WISSEN Die Berliner Mauer teilte von 1961 bis 1989 Berlin in einen Ost- und in einen Westteil.

East Side Gallery

Budget

Die East Side Gallery ist ein sehr historischer Ort! Sie ist ein Bestandteil der ehemaligen Berliner Mauer, der sehr schön und kunstvoll bemalt wurde. Man sieht ganz deutlich, dass nicht nur ein Künstler daran gearbeitet hat, sondern sehr unterschiedliche, die sich alle auf verschiedene Themen spezialisiert haben. Man kann auch gut erkennen, wo früher der Todesstreifen, also der Teil, wo auf Menschen geschossen wurde, gewesen war. Die Mauerstücke sind von beiden Seiten bemalt und man kann sie auch von beiden Seiten bewundern. Direkt daneben ist ein sehr schönes, modernes Café! Mit Blick auf die Spree kann man da seinen Kaffee, Kakao oder Saft genießen.

Mühlenstraße 3–100, 10243 Berlin-Friedrichshain · frei zugänglich
Nächstgelegene BVG-Station: U Schlesisches Tor, S Ostbahnhof

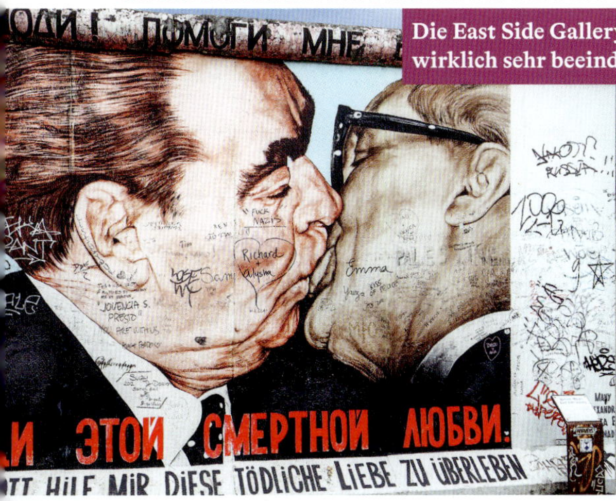

Die East Side Gallery ist wirklich sehr beeindruckend!

Das Futurium ist etwas ganz Besonderes und Einzigartiges! Auch das Café ist sehr besonders, vor allem der Roboter, der das Essen durch die Gegend fährt.

Futurium

Budget

Das Futurium ist ein Museum, das zeigt, wie es in der Zukunft auf der Welt sein könnte. Es gibt z. B. eine Wahlkabine, wo ein Sensor am Gesicht der Person erkennt, welche Partei diese wählen würde. Das ist schon ein bisschen gruselig, aber auch sehr interessant! Oder man setzt sich eine Art Kopfhörer auf, bei denen statt Lautsprechern Sensoren angebracht sind, die anscheinend deine Gedanken lesen können: Wenn du denkst, dass ein Kreis hinter einer Scheibe sich nach oben bewegen soll, dann bewegt er sich auch nach oben – oder eben nach links, rechts oder unten. Es gibt noch viel, viel mehr Attraktionen, die ihr am besten selbst entdeckt!

ℹ Alexanderufer 2, 10117 Berlin-Mitte ℹ Mittwoch bis Montag geöffnet
ℹ Nächstgelegene BVG-Station: Futurium

GUT ZU WISSEN Hier gibt es viele optische Täuschungen in dunklen Räumen zu sehen, häufig kommen Lichtblitze vor. Sollte euch das zu viel sein, findet ihr aber auch noch genug andere spannende Dinge.

Uns hat es sehr viel Spaß gemacht, die Kuppel auf dem Reichstagsgebäude zu besichtigen!
LES JARDINS

Reichs-tagsGEBÄUDE

Budget

Das Reichstagsgebäude, in dem sich der Bundestag befindet, ist wohl eines der bekanntesten Gebäude Deutschlands. Da finden nämlich die Bundestagsversammlungen statt. Man kann sowohl die Kuppel als auch den Versammlungsraum, der sich unter ihr befindet, besichtigen. Die Kuppel ist wirklich etwas ganz Besonderes. Man geht in einer Spirale von ganz unten bis ganz nach oben. Die Kuppel ist komplett aus Glas und man hat einen wunderschönen Blick auf ganz Berlin. Oben angekommen kann man auf einer großen Bank Pause machen und in den Himmel schauen. Dann geht es wieder nach unten, vorbei an einer Plattform im Freien, von der aus man auch einen schönen Blick hat. Es kann passieren, dass ihr etwas warten müsst, denn es gibt bestimmte Einlasszeiten.

Platz der Republik 1, 10557 Berlin-Mitte · täglich geöffnet · Nächstgelegene BVG-Station: Reichstag/Bundestag

GUT ZU WISSEN Ihr braucht einen Ausweis. Der Schülerausweis oder Reisepass reicht auch. Man wird am Anfang, ähnlich wie am Flughafen, abgecheckt und die Taschen, Jacken usw. müssen kontrolliert werden. Wenn man sich vorher online ein Zeitfenster bucht, muss man nicht so lange anstehen.

Es ist eine wirklich schöne Beschäftigung für zwischendurch! Der kleine Ausflug nach Neukölln lohnt sich echt. Viel Spaß beim Fädeln!

TAKAAY Perlen-Atelier

Budget

Das Takaay Perlen-Atelier ist ein winzig kleiner Laden in Neukölln, wo es viele, viele, viele Perlen und Steinchen gibt, die man selbst zu Ketten, Armbändern oder Ringen fädeln kann. Dieser Laden lockt auch Touristen nach Neukölln in die Hobrechtstraße. Man sollte also ein bisschen Zeit und Geduld mitbringen, da meistens nur ein Mitarbeiter in dem Laden ist, damit es nicht noch voller wird.

ⓘ Hobrechtstraße 25, 12047 Berlin-Neukölln ⓘ Dienstag bis Samstag geöffnet ⓘ Nächstgelegene BVG-Station: U Schönleinstraße

GUT ZU WISSEN Einen ähnlichen Perlenladen gibt es auch am Hackeschen Markt: TUKADU Store Berlin, Rosenthaler Straße 46/47, 10178 Berlin-Mitte

Fun **FACT**

Das Tempelhofer Feld ist ungefähr so groß wie 420 Fußballplätze.

DAS TEMPELHOFER FELD

Budget

Seit 2010 existiert das Tempelhofer Feld auf dem Gelände eines alten Flughafens. Es ist perfekt für alle, die Fahrrad fahren, skaten oder Rollschuh laufen. Die breiten, asphaltierten Flächen eignen sich für solchen Sport. Die dazwischen liegenden Grasflächen sind super für Spaziergänge oder zum Joggen. Es gibt auch extra abgesteckte Hundeauslaufgebiete. Man darf sich auf die Wiesen legen, dort grillen oder picknicken. Das Gelände wird nachts aufgrund von Naturschutz geschlossen. Unter dem Feld befinden sich viele Kellerräume und Tunnel, die früher als Luftschutzbunker genutzt wurden. Es werden auch verschiedene Führungen durch das Gebäude des ehemaligen Flughafens angeboten (www.thf-berlin.de).

Wir haben dort **GEPICKNICKT** und hatten echt sehr viel Spaß! Am schönsten ist das Tempelhofer Feld bei Sonnenuntergang mit guten Freunden oder Familie! Wenn ihr erschöpft seid vom Skaten, Laufen oder Picknicken, könnt ihr euch am Ausgang ein Eis kaufen. Viel Spaß!

ℹ Haupteingang: Tempelhofer Damm, 12101 Berlin-Tempelhof; Nebeneingänge gibt es an der Paradestraße, entlang der Oderstraße oder am Columbiadamm ℹ täglich geöffnet ℹ Nächstgelegene BVG-Station: U Paradestraße, S + U Tempelhof, U Leinestraße

Es ist toll, das Haus mal zu sehen. Danach kann man noch die hübsche Gegend erkunden oder in eines der vielen Cafés gehen.
LES JARDINS

Das TÜRKISCH-FÜR-ANFÄNGER-Haus

Budget

In der Niedstraße 13 wurde die beliebte Teenager-Serie *Türkisch für Anfänger* gedreht. Das Haus, das in Berlin-Friedenau steht, spielt eine große Rolle, da die Familie Schneider/Öztürk dort wohnt. Gleich gegenüber ist auch der berühmte Spielplatz, wo sich unter anderem Cem und Lena immer gerne aufhalten. Leider wurde er etwas umgebaut, sodass man ihn nicht mehr vollständig erkennen kann. Das Haus kann man nicht von innen besichtigen, weil es bewohnt ist, und die Innenaufnahmen auch woanders gedreht wurden.

Niedstraße 13, 12159 Berlin-Friedenau Nächstgelegene BVG-Station: U Friedrich-Wilhelm-Platz

DARUM GEHT ES IN DER SERIE

Die 16-jährige Lena Schneider lebt schon lange damit, dass ihre Mutter Doris ständig neue Liebhaber hat. Zu ihrem Vater hat sie keinen Kontakt, da er am Amazonas lebt. Keine Beziehung von Doris hält langer als drei Monate. Als Doris dann mit Metin Öztürk und seinen Kindern zusammen ziehen will, wird alles anders ...

Fun FACT

In dem Haus wohnte von 1963 bis 1996 der bekannte Schriftsteller Günter Grass.

WEITERE LOW-TIPPS
Budget

+1 Urban Nation Museum
Budget

Streetart-Museum mit wechselnden Ausstellungen
Bülowstraße 7, 10783 Berlin-Schöneberg, Di–So geöffnet
nächstgelegene Station: U Nollendorfplatz

+2 Gedenkstätte Berliner Mauer
Budget

Auf dem ehemaligen Mauerstreifen wird gezeigt, wie die Berliner Mauer aufgebaut war und aussah.
Bernauer Straße 119, 13355 Berlin-Mitte
täglich geöffnet, nächstgelegene Station: Nordbahnhof

+3 Am Landwehrkanal...
Budget

die Beine baumeln lassen. Besonders im Sommer kann man auf dem Gras chillen und Berlin genießen.
Paul-Lincke-Ufer, Berlin-Kreuzberg, frei zugänglich
nächstgelegene Station: Kottbusser Brücke

+4 Museum Alltag in der DDR
Budget

Das Museum zeigt anschaulich, wie die Menschen in der DDR gelebt haben.
KulturBrauerei, Knaackstraße 97, 10435 Berlin-Prenzlauer Berg, Di–So geöffnet
nächstgelegene Station: U Eberswalder Straße

+5 Bonbonmacherei in den Heckmannhöfen

Budget

Hier kann man kostenlos zuschauen, wie Bonbons handgemacht werden – und natürlich welche kaufen.
Oranienburger Straße 32, 10117 Berlin-Mitte, Mi–Sa geöffnet, nächstgelegene Station: S Oranienburger Straße

+6 Oberbaumbrücke...

Budget

mit Blick auf Fernsehturm und Molecule Man. Toller Berlin-Blick mit einer außergewöhnlichen Atmosphäre
Warschauer Straße 43, 10243 Berlin-Friedrichshain und Kreuzberg, frei zugänglich
nächstgelegene Station: U Schlesisches Tor

+7 Das verschollene Manuskript

Budget

Ein kostenloses Escape Game der Stadtbibliothek Berlin-Mitte, das man nach Anmeldung spielen kann.
Bibliothek am Luisenbad, Badstraße 39, 13357 Berlin-Gesundbrunnen, Termin freitagnachmittags nach Vereinbarung, nächstgelegene Station: U Pankstraße

+8 Gratis-Schifffahrt

Budget

Geburtstagskinder fahren an ihrem Geburtstag gratis bei Berlin-Cityschiffsfahrten (www.berlin-cityschiffsfahrten.de) mit.
Unbedingt an den Ausweis denken!

+9 Aussichtsplattform Park Inn

Budget

Auf dem Hotel Park Inn gibt es eine günstige Aussichtsplattform direkt gegenüber vom Fernsehturm.
Alexanderplatz 7, 10178 Berlin-Mitte, täglich geöffnet
nächstgelegene Station: S + U Alexanderplatz

MEINE LOW-BUDGET-BUCKETLIST

1 100er-Bus

Kein Bock
mal schauen
muss ich hin

2 Brandenburger Tor

Kein Bock
mal schauen
muss ich hin

3 Denkmal für die ermordeten Juden Europas

Kein Bock
mal schauen
muss ich hin

4 East Side Gallery

Kein Bock
mal schauen
muss ich hin

5 Futurium

Kein Bock ○
mal schauen ○
muss ich hin ○

6 Reichstagsgebäude

Kein Bock ○
mal schauen ○
muss ich hin ○

7 Takaay Perlen-Atelier

Kein Bock ○
mal schauen ○
muss ich hin ○

8 Tempelhofer Feld

Kein Bock ○
mal schauen ○
muss ich hin ○

9 Türkisch-für-Anfänger-Haus

Kein Bock ○
mal schauen ○
muss ich hin ○

Zoo
Fernsehturm
Checkpoint Charlie

4

SIGHT Seeing

BERLIN KANN JA SO SCHÖÖÖÖÖÖN SEIN!

Wir fanden es dort interessant und auch sehr berührend.

ANNE FRANK ZENTRUM

Budget

Anne Frank war ein 14-jähriges jüdisches Mädchen. Während des Zweiten Weltkriegs lebte sie mit ihren Eltern und ihrer Schwester zwei Jahre lang in Amsterdam bei einem nicht-jüdischen Mann in einer winzigen Wohnung hinter einem Schrank, um nicht von den Nazis entdeckt zu werden. Manche von euch kennen vielleicht ihr berühmtes Tagebuch, was sie in dieser schweren Zeit schrieb. Eines Tages wurden sie von Nazis gefunden und in ein Konzentrationslager verschleppt. Die Kinder wurden von ihren Eltern getrennt und die Frauen von den Männern. Es ist unklar, wann die Mutter starb, aber sie wurde im KZ ermordet, die Kinder starben an Typhus.

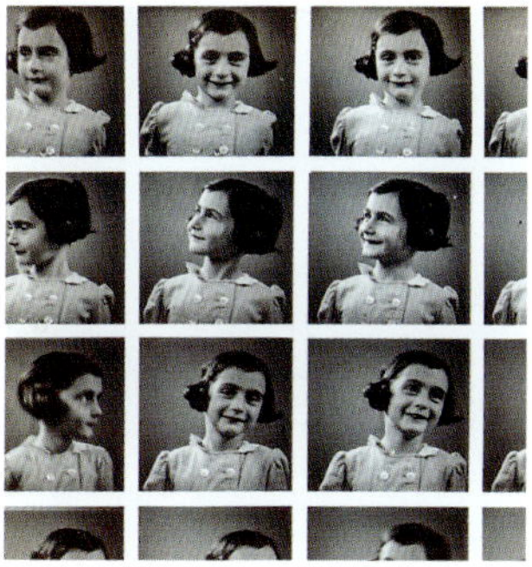

Im Museum gibt es viel zu lesen, sowohl auf Deutsch als auch auf Englisch. Kleine Ausschnitte aus dem Leben von Anne Frank werden als Video gezeigt. Diese gibt es auch in Gebärdensprache.

Rosenthaler Straße 39, 10178 Berlin-Mitte · Dienstag bis Sonntag geöffnet · Nächstgelegene BVG-Station: U Weinmeisterstraße oder S Hackescher Markt

GUT ZU WISSEN Der Vater war der Einzige der Familie, der überlebte. Er gab später das Tagebuch seiner Tochter Anne heraus.

ALLIED CHECKPOINT
Checkpoint Charlie ist sehr spannend und definitiv einen Besuch wert – und man kann dort gut Fotos machen!

Checkpoint Charlie

Checkpoint 😎 *Panorama* 🤑🤑

Der Checkpoint Charlie gehört zu den spannendsten und bekanntesten Sehenswürdigkeiten Berlins. Der ehemalige militärische Kontrollpunkt war während der Teilung Berlins neben der Glienicker Brücke der bekannteste der drei durch die Amerikaner kontrollierten Grenzübergänge. Heute steht dort mitten auf der Friedrichstraße ein Mast mit dem Bild eines Soldaten. Am Fuß des Masts steht eine kleine Holzhütte mit Fahnen und Sandsäcken. Heute ist in den Säcken Beton statt Sand und die Hütte ein Nachbau – aber das ändert nichts an der Besonderheit des Ortes. Dazu gehört auch das Mauermuseum, das anhand von originalen Fotografien und historischen Objekten sehr informativ über die Zeit der DDR und der Mauer berichtet. Besonders beliebt sind dort Exponate, die von erfolgreichen und gescheiterten Fluchten erzählen wie in einem selbstgebauten Heißluftballon, einem gepanzertem Fluchtauto oder einem Miniatur-U-Boot mit Fahrradmotor.

ℹ Friedrichstraße 43–45, 10117 Berlin-Mitte ℹ Checkpoint Charlie: frei zugänglich, Mauermuseum: täglich geöffnet ℹ Nächstgelegene BVG-Station: U Kochstraße/ Checkpoint Charlie

EXTRA-TIPP Auch das Panorama „Die Mauer“ in der Nähe lohnt sich. Dort sind auf einem rund 60 Meter langen und 15 Meter hohen Bild graue Häuserfassaden, spielende Kinder, Graffiti-Maler und DDR-Grenzsoldaten, die von den Wachtürmen alles beobachten, zu sehen. Es gibt einen sehr guten Eindruck davon, wie es war, dort zur Mauer-Zeit zu leben. Man kann dieses große Panorama-Kunstwerk von einem vier Meter hohen Podest aus betrachten.

Wir finden es wirklich krass, wie echt alles nachgestellt ist.
Am Anfang kommt man in einen Wald, wo die Bäume so real aussehen, dass wir beide erst dachten, dass sie echt sind.
ES JARDINS

Dujardin
Olympia

Deutschland-Museum

Budget 🤑🤑

Das Deutschlandmuseum am Leipziger Platz ist ein 4D-Museum, in dem man die Orte, an denen sich früher etwas abgespielt hat, nicht nur in drei Dimensionen sieht, sondern auch die passenden Gerüche wahrnimmt. An interaktiven Stationen wird man durch 2000 Jahre deutsche Geschichte geführt. Wir geben zu, dass wir erst gar keinen Bock hatten, in das Museum zu gehen, weil Eltern immer in irgendwelche Museen wollen, die unendlich langweilig sind, und dann auch nicht fünf Minuten, sondern gefühlt fünf Stunden dort bleiben. Am Ende war es aber wirklich voll cool und deshalb haben wir uns auch entschlossen, es weiterzuempfehlen.

ℹ Leipziger Platz 7, 10117 Berlin-Mitte ℹ täglich geöffnet ℹ Nächstgelegene BVG-Station: S + U Potsdamer Platz

Extra-Tipp
Gleich neben dem Deutschlandmuseum ist das Spionagemuseum (Tipp 19) und am Leipziger, aber auch am Potsdamer Platz gibt es noch viel mehr zu entdecken.

Für uns persönlich ein schönes Ausflugsziel! Mega Ausblick! Eure Eltern finden das bestimmt auch cool :)

Gold-Else

Budget

Die Siegessäule, die in Berlin auch Goldelse genannt wird, ist wie ein großer Turm, den man besteigen kann. Ganz oben ist ein goldener Engel zu sehen, der Viktoria, die Göttin des Sieges, darstellen soll. Sie erinnert an die Siege Preußens. Leider wird die Siegessäule oft mit den Nazis verbunden, da diese sie 1938 vom Tiergarten in die Nähe des Reichstags versetzten. Mit etwas Kondition kann man die 285 Stufen erklimmen und wird mit einem wunderschönen Ausblick über Berlin belohnt. Es gibt zwei Aussichtsplattformen, die erste ist vielleicht eher für diejenigen geeignet, die ein bisschen Höhenangst haben. Man kann von hier aus allerdings nicht so viel sehen. Die zweite Plattform befindet sich direkt unter dem Engel. Von hier aus hat man einen guten Ausblick auf den Tiergarten, den Reichstag und noch vieles mehr!

Großer Stern 1, 10557 Berlin-Tiergarten · täglich geöffnet
Nächstgelegene BVG-Station: Großer Stern

Extra-Tipp
Die Goldelse steht mitten im Tiergarten, wo man gut spazierengehen oder sich im Sommer auf der Wiese ausruhen kann.

Man denkt oft, dass der Fernsehturm eine Tourifalle ist. Das ist er aber eigentlich gar nicht und ein Besuch lohnt sich sehr!

Fernseh-Turm

Budget

Der Fernsehturm steht, wie manche von euch bestimmt wissen, am Alexanderplatz. In der silbernen Kugel, die ungefähr 350 Meter über dem Boden schwebt, gibt es ein sich drehendes Restaurant. Es ist ein tolles Erlebnis, die ganzen Sehenswürdigkeiten von so hoch oben zu betrachten. Unter dem Restaurant befindet sich eine geschlossene Aussichtsplattform, die sich aber leider nicht dreht. Wir empfehlen euch, die Tickets im Voraus zu kaufen, weil es meistens sehr voll ist.

Es lohnt sich auch, vom Fernsehturm noch kurz zur Weltzeituhr zu gehen, die ungefähr 50 Meter entfernt ist. Auf dieser Uhr kann man sehen, wie spät es gerade in vielen verschiedenen Städten dieser Welt ist.

ℹ Panoramastraße 1a, 10178 Berlin-Mitte ℹ täglich geöffnet ℹ Nächstgelegene BVG-Station: S + U Alexanderplatz

FUN FACT

Es kann eingestellt werden, ob das Restaurant eine halbe oder eine ganze Stunde braucht, um sich einmal komplett zu drehen.

Hier gibt's viele coole Läden (auch Vintage) und wir entdecken immer wieder Neues.

HACKesche Höfe

Budget

Die Hackeschen Höfe sind eine der beliebtesten Sehenswürdigkeiten Berlins und wir mögen es dort sehr. Früher waren die Hackeschen Höfe Lagerhallen. Heute gibt es dort Restaurants, Cafés, ein Theater, ein Kino und natürlich verschiedenste Läden zum Shoppen. Es gibt acht Höfe, die miteinander verbunden sind, und in jedem dieser Höfe ist irgendetwas. In manchen steht auch ein Baum oder ein Springbrunnen und es ist sehr schön, dort einfach nur durchzulaufen. Der erste Hof ist der bekannteste. Die Fassaden der Häuser sind sehr schön und mit vielen Farben gestaltet. Im ersten Hof befinden sich das Chamäleon Theater und ein Kino. Die Umgebung dort wird auch „Scheunenviertel“ genannt. Der Name kommt noch aus den alten Zeiten, als hier alles noch Lagerhallen für Stroh und Weiteres waren. Vor den Hackeschen Höfen ist der Hackesche Markt, der auch sehr beliebt ist. Von den Hackeschen Höfen kommt man direkt zu den Rosenhöfen, also noch ein weiterer Hinterhof, der aber nochmal ganz anders gestaltet ist.

ℹ Rosenthaler Straße 40, 10178 Berlin-Mitte ℹ frei zugänglich ℹ Nächstgelegene BVG-Station: S Hackescher Markt

Extra-Tipp

Viele kleine Läden und Cafés gibt es auch in der Rosenthaler und der Oranienburger Straße, die beide vom Hackeschen Markt abzweigen. Rechts neben dem Eingang zu den Hackeschen Höfen geht es zum Haus Schwarzenberg mit tollen Metallskulpturen.

Einfach toll, wir
können es wirklich
empfehlen!

Madame Tussauds

Budget 🤑🤑🤑

Bei Madame Tussauds werden nicht nur langweilig irgendwelche Wachsfiguren ausgestellt, sondern berühmte Personen lebensecht nachgestellt, mit denen man coole Fotos machen kann. Bei manchen Prominenten gibt es sogar passende Requisiten. In dem Wachsfigurenkabinett werden Persönlichkeiten wie Barack Obama, Messi, die Band ABBA oder Beyoncé ausgestellt. Diese Museumskette kommt

ursprünglich aus London, hat sich dann aber in vielen Städten auf der ganzen Welt niedergelassen. Eine Onlinebuchung des Tickets ist empfehlenswert, da es sonst sein kann, dass man länger ansteht.

ℹ Unter den Linden 74, 10117 Berlin-Mitte ℹ täglich geöffnet
Nächstgelegene BVG-Station: S + U Brandenburger Tor

FUN FACT

Die Wachsfiguren sind nicht ganz in Echtgröße. Messi ist eigentlich 1,70 Meter groß, aber bei Madame Tussauds nur 1,60 Meter.

Wir finden, dass man das Planetarium in Prenzlauer Berg gesehen haben muss! Ganz egal, ob man in Berlin wohnt oder nicht.

PLANETARIUM

Budget 🤑🤑

Das Zeiss-Großplanetarium ist das berühmteste Planetarium in ganz Berlin. Es ist sehr hoch und sieht aus wie eine riesige Kuppel. In dieser großen Kuppel finden die Vorstellungen statt, bei denen man in den Sternenhimmel gucken kann, einen Ausflug zum Mond macht oder sich die Sternzeichen anschaut. Es gibt auch ganze Reisen durch unsere gesamte Galaxie und noch vieles mehr. Manchmal zeigen sie dort sogar Kinofilme. Es werden so viele unterschiedliche Veranstaltungen angeboten, dass wir sie hier gar nicht alle aufzählen können. Schaut am besten selbst, was es gerade dort gibt.

ℹ Prenzlauer Allee 80, 10405 Berlin ℹ Dienstag bis Sonntag geöffnet
ℹ Nächstgelegene BVG-Station: S Prenzlauer Allee

Viel Spaß in einem der aufregendsten Museen Berlins!

Polizei-historische Sammlung

Budget

Die Polizeihistorische Sammlung ist ein Museum über die Polizei-Geschichte Berlins. Dort werden viele aufregende Kriminalfälle vorgestellt und es gibt eine Telefonzelle, in der das Telefon klingelt. Wenn man rangeht, kann man selbst einen Kriminalfall aus der Sicht des Opfers erleben. Man lernt den Alltag der Polizei sehr gut kennen. In der Sammlung sind auch viele Arbeitswerkzeuge oder Tatwerkzeuge samt ihrer Geschichte ausgestellt. Es gibt auch unzählige Uniformen und vieles mehr, was man unbedingt entdecken sollte, entweder alleine oder bei einer Führung.

ℹ Platz der Luftbrücke 6, 12101 Berlin-Tempelhof ℹ Montag bis Mittwoch geöffnet ℹ Nächstgelegene BVG-Station: U Platz der Luftbrücke

GUT ZU WISSEN Der Eingang ist nicht so gut erkennbar, dort steht „Der Polizeipräsident" und man merkt nicht sofort, dass dies das Museum ist. Außerdem wichtig: Mindestens eine Person von einer Gruppe muss ihren Ausweis vorzeigen.

Das Museum ist viel zu abwechslungsreich, um alles zu erwähnen. Es hat uns sehr viel Spaß gemacht!

Spionage-museum

Budget 🤑🤑

Im Spionagemuseum am Leipziger Platz geht es, wie der Name schon sagt, um Spionage. Gleich am Anfang kann man ein paar Rätsel lösen und kommt dann zu einer Art Schreibmaschine, mit der man seinen eigenen Namen in Morsezeichen schreiben und ausdrucken kann. In der zweiten Etage kann man Geheimschriften suchen und vieles mehr. Am spannendsten fanden wir einen Computer, in den man sein Passwort eingeben konnte, und die Maschine hat ausgerechnet, wie schnell professionelle Hacker das Passwort rausfinden könnten.

Im nächsten Raum kann man auf einem Bildschirm Leute beobachten und muss herausfinden, wer wen stalkt. Im selben Raum befindet sich auch ein Lügendetektor, den man ausprobieren kann. Sehr beeindruckend ist auch ein Bildschirm, an dem man versuchen kann, Lippen zu lesen. Die Frau auf dem Screen sagt Wörter, die man nicht hören kann, und man muss erraten, was sie gesagt hat. Es war gar nicht so schwer wie gedacht, aber es braucht doch ein wenig Übung.

ℹ Leipziger Platz 9, 10117 Berlin-Mitte ℹ täglich geöffnet ℹ Nächstgelegene BVG-Station: S + U Potsdamer Platz

Extra-Tipp
Der Leipziger Platz liegt gleich neben dem Potsdamer Platz. Schaut mal auf die Karte in diesem Buch, in dieser Gegend gibt es nämlich noch ganz viel anderes zu entdecken.

Der Zoo ist etwas Besonderes, weil man so viele verschiedene Tierarten zu sehen bekommt …
… aber vor allem kann man dort Spaß haben!

Zoologi-scher Garten

Budget 🤑🤑

Der Berliner Zoo ist der älteste Zoo Deutschlands und mit seinen 1200 Arten der artenreichste auf der ganzen Welt. Er hat zwölf verschiedene Häuser wie das Elefantenhaus, das Reich der Jäger, die Pinguinwelt, den berühmten Panda Garden und noch vieles mehr. Es gibt aber auch viele Außengehege und einen Streichelzoo. Wenn man von dem ganzen Herumgelaufe Hunger oder Durst bekommt, ist an den unzähligen Essensständen für jeden etwas dabei.

ℹ Hardenbergplatz 8, 10787 Berlin-Charlottenburg ℹ täglich geöffnet ℹ Nächstgelegene BVG-Station: S + U Zoologischer Garten

EXTRA TIPP

Neben dem Zoo gibt es auch ein Aquarium, das sich sehr lohnt. Wenn man Tickets für Zoo und Aquarium zusammen kauft, wird es billiger.

Weitere Sight-Seeing-Tipps

+1 Weltballon *Budget*

Berlin von oben aus einem der größten Passagier-Fesselballons der Welt erleben.
Zimmerstraße 100, 10117 Berlin-Mitte, täglich geöffnet
nächstgelegene Station: U Kochstraße/Checkpoint Charlie

+2 PARADOX MUSEUM *Budget*

Ein Museum rund um alles, was paradox ist, mit unzähligen Spots für ganz außergewöhnliche Fotos. Im Bikini Berlin, Budapester Straße 38–50, 10787 Berlin-Charlottenburg, täglich geöffnet, nächstgelegene Station: S + U Zoologischer Garten

+3 Technikmuseum *Budget*

Hier wird alles rund um die neuesten Technologien erzählt, aber auch Verschiedenstes zur Geschichte der Technik ist zu bestaunen. Trebbiner Straße 9, 10963 Berlin-Kreuzberg, Di–So geöffnet, nächste Station: U Gleisdreieck

+4 Computerspiele-Museum *Budget*

Das Museum erzählt die Geschichte der Computerspiele, die man dort auch ausprobieren kann. Kinder unter 14 Jahren müssen in Begleitung eines Erwachsenen sein.
Karl-Marx-Allee 93a, 10243 Berlin-Friedrichshain
täglich geöffnet, nächstgelegene Station: U Weberwiese

+5 Berliner Unterwelten

Budget

Berlin ist voller Tunnel, Bunker und Schächte, die man bei Führungen besichtigen kann. Bei manchen Führungen gilt ein Mindestalter von 14 bzw. 18 Jahren oder Minderjährige können nur in Begleitung eines Erziehungsberechtigten teilnehmen.
Brunnenstraße 105, 13355 Berlin-Gesundbrunnen
täglich geöffnet, nächstgelegene Station: S + U Gesundbrunnen

+6 Illuseum

Budget

Ein Museum über optische Täuschungen und Illusionen
Karl-Liebknecht-Straße 9, 10178 Berlin-Mitte
täglich geöffnet, nächstgelegene Station: S Hackescher Markt

+7 Magicum Berlin

Budget

Ein interaktives Museum zu Magie und Mystik
Große Hamburger Straße 17, 10115 Berlin-Mitte
täglich geöffnet, nächstgelegene Station: S Hackescher Markt

+8 Aquarium

Budget

Im Aquarium kann man nicht nur Haie sehen, sondern auch viele Reptilien, Amphibien und Insekten.
Budapester Straße 32, 10787 Berlin-Tiergarten
täglich geöffnet, nächstgelegene Station: U Wittenbergplatz

+9 Samurai-Museum

Budget

Ein Museum für alle Samurai- und Ninja-Begeisterten
Auguststraße 68, 10117 Berlin-Mitte, täglich geöffnet
nächstgelegene Station: S Oranienburger Straße

MEINE SIGHTSEEING-BUCKETLIST

10 Anne Frank Zentrum

Kein Bock ○
mal schauen ○
muss ich hin ○

11 Checkpoint Charlie

Kein Bock ○
mal schauen ○
muss ich hin ○

12 Deutschlandmuseum

Kein Bock ○
mal schauen ○
muss ich hin ○

13 Goldelse

Kein Bock ○
mal schauen ○
muss ich hin ○

14 Fernsehturm

Kein Bock ○
mal schauen ○
muss ich hin ○

15 Hackesche Höfe

Kein Bock ◯

mal schauen ◯

muss ich hin ◯

16 Madame Tussauds

Kein Bock ◯

mal schauen ◯

muss ich hin ◯

17 Planetarium

Kein Bock ◯

mal schauen ◯

muss ich hin ◯

18 Polizeihistorische Sammlung

Kein Bock ◯

mal schauen ◯

muss ich hin ◯

19 Spionagemuseum

Kein Bock ◯

mal schauen ◯

muss ich hin ◯

20 Zoologischer Garten

Kein Bock ◯

mal schauen ◯

muss ich hin ◯

3

Shopping

GLAMOUR, TRASH & SELTSAM FESCH

Die Bergmannstraße ist eine Einkaufsstraße, die wir wirklich sehr mögen! So viele interessante, schöne Läden! Natürlich gibt es auch Kleidungsgeschäfte, die haben wir aber gar nicht besucht. Wir wünschen euch ganz viel Spaß und ein nicht ganz so leeres Portemonnaie!

Extra-Tipp
Am Wochenende findet vor der Marheineke-Markthalle ein Trödelmarkt statt.

21

Bergmannstraße

Budget 🤑🤑

In der Bergmannstraße in Kreuzberg gibt es viele besondere Läden. Unter anderem ist dort auch die Marheineke-Markthalle, wo es aber fast nur Essen gibt, was vielleicht für manche nicht super interessant ist … Aber man kann sich dort sehr nett hinsetzen und Kuchen essen. Womit wir auch schon zur nächsten Empfehlung kommen: das Café *Barcomi's* mit hausgemachtem Kuchen. Sowohl drinnen als auch draußen kann man sich sehr schön hinsetzen. Ein paar Häuser weiter gibt es einen Schreib- und Spielwarenladen. Wir finden den sehr schön, weil es da viele Sachen gibt, die wir zum Teil noch nie gesehen hatten. Auf der gegenüberliegenden Straßenseite befindet sich *Paint your style*. Dort kann man in der zweiten Etage mit schönem Blick auf die Bergmannstraße Keramik selbst bemalen.

In einer der vielen Seitenstraßen befindet sich *Munchies*. Dort gibt es das wohl beliebteste Streetfood Deutschlands, z. B. Smash Burger, Sandwiches oder Tacos. Man kann sich gut drinnen und auch draußen hinsetzen.

ℹ Bergmannstraße, Berlin-Kreuzberg
ℹ Nächstgelegene BVG-Stationen: U Mehringdamm, U Gneisenaustraße oder U Südstern

Für uns ist es ein toller Safe-Place und wir mögen es echt gerne, dort Zeit zu verbringen.

GUT ZU WISSEN

Montags bis freitags hat Dussmann bis Mitternacht geöffnet, samstags bis 23.30 Uhr. Abends ist oft kaum was los und man kann sich in aller Ruhe umsehen.

Dussmann

Das Kulturkaufhaus

Budget

Dussmann nennt sich selbst auch Kulturkaufhaus. Es ist ein riesiges Kaufhaus, in dem es vor allem sehr viele super gute Bücher gibt. Aber auch Platten, Filme, CDs, Noten und Schreibwaren findet ihr dort. Das Kaufhaus hat fünf Etagen, ist in der Mitte offen und sehr schön gestaltet mit vielen Abteilungen und Nebengängen. Die Auswahl ist wirklich

überwältigend, zu jedem Thema werdet ihr dort mindestens ein Buch finden und auch in der Abteilung für Teenager und junge Leute stehen viele sehr gute Bücher. Eine eigene Abteilung haben auch englischsprachige Bücher. Man kann dort gut lange stöbern, denn es gibt immer noch neue Sachen zu entdecken, wie zum Beispiel eine alte Schreibmaschine, auf der man selbst tippen kann. Außerdem kann man sich einfach ein Buch nehmen und auf einer der vielen gemütlichen Sitzgelegenheiten reinlesen. Oft finden Lesungen, Konzerte oder Workshops statt, an denen man teilnehmen kann.

Friedrichstraße 90, 10117 Berlin-Mitte · Montag bis Samstag geöffnet
Nächstgelegene BVG-Station: S + U Friedrichstraße

Wir haben so viele verschiedene Stände gesehen und fanden fast alle richtig nice!

Extra-Tipp

Sonntags findet ab 14 Uhr im Mauerpark in dem kleinen Amphitheater ein Karaoke-Singen statt, zu dem mehr als 1000 Leute kommen.

Flohmarkt am Mauerpark

Budget 🤑🤑

Der Flohmarkt am Mauerpark ist ein sehr großer, schöner Flohmarkt, der, wie die meisten Flohmärkte, sonntags geöffnet hat. Es gibt viele Stände mit Kleidung, aber auch mit Haarschmuck oder Ketten, mit Bildern und Postern, mit (Ohr)-Ringen, sowohl sehr günstig als auch etwas teurer. Für drei Euro haben wir uns sogar von einer Frau malen lassen. Der Mauerpark selbst ist auch schön, man kann sich hinsetzen oder einfach ein bisschen rumlaufen.

ℹ Bernauer Straße 63/64, 13355 Berlin-Prenzlauer Berg ℹ Sonntag geöffnet ℹ Nächstgelegene BVG-Station: U Bernauer Straße

Das Geschäft ist ganz anders als normale H&M-Läden. Ein Besuch dort macht echt Spaß.

H&M Mitte Garten

Budget 🤑🤑

Dieser H&M in Mitte ist kein gewöhnlicher H&M, er ähnelt eher einer Boutique: Die Einrichtung ist sehr schön und klar, überall runde Bogen und Spiegel und viele kleine hübsche Details. Die Auswahl ist nicht ganz so groß, alles ist eher überschaubar gehalten. Es gibt dort neben den sehr schönen Klamotten auch Kosmetik, Accessoires, Kerzen, Vasen und noch vieles mehr. Auch die Umkleiden sind sehr modern und falls man Hilfe benötigt, gibt es dort einen Screen an der Wand, der leicht zu bedienen ist. Ein Café gehört auch dazu, das echt gemütlich ist. Man kann sich draußen in den ästhetischen Garten mit einem kleinen Springbrunnen setzen und einen Snack mit einem leckeren Getränk genießen.

ℹ Neue Schönhauser Straße 13, 10178 Berlin-Mitte ℹ Montag bis Samstag geöffnet
ℹ Nächstgelegene BVG-Station: U Weinmeisterstraße

Extra-Tipp
Der H&M ist in der Nähe vom Hackeschen Markt. Hier gibt es in allen Nebenstraßen sehr viele kleine und außergewöhnliche Geschäfte.

Wir fanden es voll cool und waren sicher zwei Stunden dort. Also viel Spaß!

Koku

Budget 🤑🤑

Koku ist ein Secondhand-Store in Neukölln, in dem man fast alles zum Anziehen findet. Vor allem die Auswahl der Schuhe hat uns sehr beeindruckt! Der Laden hat sich auf Dr. Martens spezialisiert, die gibt es dort in allen Farben und Größen. Aber auch Converse und Cowboyboots gibt es und eine große Jeans- und Jackenauswahl, die man vor Ort in einer Umkleide anprobieren kann. Die Leute, die dort arbeiten, sind sehr freundlich und hilfsbereit. Nur leider kann man den Preis nicht verhandeln. Aber trotzdem können wir es empfehlen, denn Secondhand-Sachen sind nachhaltig und oft gut erhalten.

ℹ Schillerpromenade 1, 12049 Berlin-Neukölln
ℹ Montag und Donnerstag bis Samstag
ℹ Nächstgelegene BVG-Station: Fontanestr./Flughafenstr.

EXTRA-TIPP Das ganze Viertel in Neukölln ist sehr nett, mit vielen kleinen Läden und Cafés.

Extra-Tipp

Am östlichen Ende des Ku'damms befindet sich die Gedächtniskirche, die während des Zweiten Weltkrieges zerstört wurde und heute mit ihrer beschädigten Kuppel ein Zeichen gegen Krieg und Zerstörung setzt.

Ku'damm

Budget

Der Kurfürstendamm – oder Ku'damm, wie die meisten ihn nennen – ist die wichtigste Einkaufsstraße Berlins. Kaufhäuser, Modeboutiquen und Restaurants laden zum Shoppen, Flanieren und Genießen ein. Die 3,5 Kilometer lange Straße im Bezirk Charlottenburg-Wilmersdorf führt vom Rathenauplatz am westlichen Ende bis zum Breitscheidplatz mit der Kaiser-Wilhelm-Gedächtniskirche am östlichen Ende, wo sie in die Tauentzienstraße übergeht und das Zentrum der City West bildet. Ab Ende des 19. Jahrhunderts wurde der Kurfürstendamm nach einer Idee des Fürsten Otto von Bismarck zum Prachtboulevard ausgebaut. Vorbild war der Champs Élysées in Paris. Heute ist der Boulevard der größte Einzelhandelsstandort in ganz Berlin.

Im Gegensatz zur Schloßstraße gibt es am Kudamm mehr teure Boutiquen wie Louis Vuitton, Chanel, Prada und Gucci. Unmittelbar in der Nähe befindet sich das berühmte KaDeWe (Kaufhaus des Westens). Der Kurfürstendamm hat eine sehr besondere Architektur, darum ist es auch schön, sich das Ganze einfach anzugucken, ohne etwas zu kaufen.

ℹ Kurfürstendamm, Berlin-Charlottenburg ℹ Nächstgelegene BVG-Stationen: U Wittenbergplatz, U Kurfürstendamm, U Uhlandstraße, U Adenauerstraße oder S Halensee

Ein echt cooler Ort für alle, die gerne shoppen gehen!

Extra-Tipp

Man kommt von hier aus gut zu den Museen am Leipziger Platz und der Potsdamer Platz ist auch um die Ecke.

Mall of Berlin

Budget 🤑🤑

Die Mall of Berlin ist eine der größten Shoppingmalls in Berlin. Zurzeit gibt es ungefähr 200 Geschäfte dort. Uns fallen auf die Schnelle keine Läden ein, die es dort nicht gibt. Ihr könnt im Internet nachgucken, welche Läden ihr dort genau findet. Auf den vier Etagen trifft man auf Klamottenläden wie H&M, Zara oder Bershka, Sportläden wie Snipes oder JD Sports und gängige Foodspots wie Frittenwerk, McDonald's oder Subway, den Buchladen Thalia, Schuhläden wie Foot Locker oder Deichmann und noch vieles mehr.

Sogar einen Hertha-Fanshop gibt es dort. Die Mall hat einen „Innenhof", wo es im Sommer eine riesige Matte gibt, auf der man Kunststücke machen kann. Im Winter ist dort eine Eislaufbahn.

ⓘ Leipziger Platz 12, 10117 Berlin-Mitte ⓘ Montag bis Samstag geöffnet
ⓘ Nächstgelegene BVG-Station: S + U Potsdamer Platz

Ehrlich! So viel Sonnencreme auf einmal haben wir noch nie gesehen :)
NIVEA
Pflege TÜTE
NIVEA HAUS
NIVEA HAUS

DAS Nivea HAUS

Budget 🤑🤑

Wie der Name schon sagt, gibt es im NIVEA Haus ausschließlich Produkte von Nivea. Angeboten werden aber nicht nur Cremes und Duschgel, sondern auch Überraschungstüten für zehn Euro im Wert von etwa zwanzig Euro. Der Store ist Unter den Linden und größer, als wir zunächst gedacht hatten. Es gibt Produkte für alle Hauttypen, die zwar nicht ganz billig sind, aber auch nicht überteuert.

ℹ Unter den Linden 28, 10117 Berlin-Mitte ℹ Montag bis Samstag geöffnet
ℹ Nächstgelegene BVG-Station: U Unter den Linden

EXTRA-TIPP Das NIVEA Haus ist an der Straße Unter den Linden. Um die Ecke befinden sich beispielsweise die Museumsinsel, das Berliner Schloss (Humboldt Forum), die Staatsoper, der Bebelplatz und das Brandenburger Tor – also eigentlich lohnt es sich, die ganze Straße langzulaufen.

Wir gehen auf jeden Fall nochmal hin, denn ihr könnt euch nicht vorstellen, was es da alles für Produkte gibt!

Im Retro-Photoautomaten könnt ihr Bilder von euch machen, die ihr dann sofort als Bildstreifen mit vier Fotos mitnehmen könnt.

Extra-Tipp
Auf dem RAW-Gelände gibt es viel Graffiti zu bestaunen, weil man hier sprayen darf.

RAW Flohmarkt

Budget 🤑🤑

Auf dem coolen RAW-Gelände in Friedrichshain findet sonntags ein Flohmarkt statt. Er ist zwar nicht ganz billig, es gibt dort aber schöne, gut erhaltene Sachen. Wir haben dort alles Mögliche von Basics wie Hosen, Röcken, Kleidern und T-Shirts über Taschen, Schmuck oder Schuhe bis hin zu Trikots von berühmten Fußballstars wie Lionel Messi oder Alexandra Popp gesehen. Manche Stände sind ziemlich chaotisch. Aber man kann hier Produkte ganz gut runterhandeln! **:D** Wir haben dort zum Beispiel einen Ring gekauft, der eigentlich 20 Euro kosten sollte, und wir haben ihn dann für sieben Euro bekommen. Bei vielen Ständen gibt es sogar eine Umkleide, damit man nicht auf gut Glück eine Hose kauft, die dann später nicht passt. Am Eingang des Flohmarkts stehen auch verschiedene Essensstände und Getränkeautomaten.

ℹ Revaler Straße 99, 10245 Berlin-Friedrichshain ℹ Nächstgelegene BVG-Station: S + U Warschauer Straße

Wer Lust auf Shopping hat, wird hier auf jeden Fall etwas finden!

Schloss-Straße

Budget 🤑🤑

Die Schloßstraße ist so reich an verschiedensten Geschäften, dass sie die größte Einzelhandelsfläche in ganz Berlin ist. Unter anderem befinden sich dort die Stores von 11teamsports, wo es z. B. die besten Fußballschuhe und die aktuellen Trikots von allen möglichen Vereinen gibt. An der Schloßstraße steht auch „das Schloss", eine der größten Shopping-Malls in Berlin mit mehreren Etagen und tollen Geschäften. In den Gängen gibt es Sitzgelegenheiten, weitere Stände und einen Fotoautomaten. Mit dem Boulevard Berlin gibt es hier noch eine Shopping Mall. „Werken Spielen Schenken" (Tipp 31) befindet sich schräg gegenüber vom Boulevard, außerdem findet man auf der Schloßstraße auch zwei verschiedene Bubble-Tea-Läden, Uniqlo oder Decathlon.

ℹ Schloßstraße, 12165 Berlin-Steglitz ℹ Montag bis Samstag geöffnet
ℹ Nächstgelegene BVG-Station: U Schloßstraße

Gut zu wissen Die Schloßstraße ist übrigens nach dem Gutshaus Steglitz am Anfang der Straße benannt, das auch als „Wrangelschlösschen" bekannt und gar kein wirkliches Schloss ist.

Einzigartiger Laden, den wir so noch nie gesehen habe. Wir sind uns sicher, dass da für Groß und Klein etwas dabei ist.

Werken Spielen Schenken

Budget

A uf den zwei riesigen Etagen entdeckt man bei „Werken Spielen Schenken“ alles von Spielsachen und Bastelzeug

über Puzzle und Gesellschaftsspiele bis hin zu Wolle, Stoffen und allem, was man zum Malen, Zeichnen und Schreiben braucht. Der Laden befindet sich in der Schloßstraße direkt neben dem U-Bahnhof Schloßstraße.

ⓘ Schloßstraße 110b, 12163 Berlin-Steglitz ⓘ Montag bis Samstag geöffnet
ⓘ Nächstgelegene BVG-Station: U Schloßstraße

EXTRA-TIPP Den Besuch bei „Werken Spielen Schenken“ kann man auch gut mit einem Bummel über die Schloßstraße (Tipp 30) verbinden. Wenn ihr erschöpft vom Shoppen seid oder einfach eine kleine Pause braucht, könnt ihr auch ins Kino Titania an der Schloßstraße gehen.

Man entdeckt jedes Mal Dinge, von denen man gar nicht wusste, dass sie existieren!

WEITERE Shopping-TIPPS

+1 Picknweight

Budget 🤑🤑

In beiden Berliner Filialen gibt es Vintage-Mode zum Kilopreis.
Bergmannstraße 102, 10961 Berlin-Kreuzberg
Münzstraße. 19, 10178 Berlin-Mitte, Mo-Sa geöffnet, nächstgelegene Station: Bergmannstr. oder U Weinmeisterstraße

+2 Sing Blackbird

Budget 🤑

Ein günstiger Secondhand-Shop mit Café
Sanderstraße 11, 12047 Berlin-Neukölln, Mo–Sa geöffnet
nächstgelegene Station: U Schönleinstraße

+3 Ampelmann-Shop, Hackesche Höfe

Budget 🤑

Ein schöner Laden mit Berlin-Souvenirs rund um den Ampelmann
Hackesche Höfe, Rosenthaler Straße 40/41,
10178 Berlin-Mitte, täglich geöffnet
nächstgelegene Station: S Hackescher Markt

+4 Zauberkönig

Budget 🤑

Hier gibt es unglaublich viele Zauber- und Scherzartikel zu kaufen.
Herrfurthstraße 6a, 12049 Berlin-Neukölln
Di–Sa geöffnet, nächstgelegene Station: U Leinestraße

+5 Bikini Berlin

Budget 🤑🤑

Eine Shopping-Mall mit individuellen Geschäften, von der aus man in den Zoologischen Garten schauen kann.
Budapester Straße 38–50, 10787 Berlin-Charlottenburg
Mo–Sa geöffnet, nächstgelegene Station:
S + U Zoologischer Garten

+6 Pauls Boutique (Prenzlauer Berg)

Budget 🤑🤑

Secondhand-Laden mit einer riesigen Auswahl
Oderberger Straße 47, 10435 Berlin-Prenzlauer Berg
Mo–Sa geöffnet
nächstgelegene Station: U Eberswalder Straße

+7 Subdued Berlin (2 Filialen)

Budget 🤑🤑

Geschäft für Teenager-Mode
Schloßstraße 126, 12163 Berlin-Steglitz oder
Münzstraße 4, 10178 Berlin-Mitte, Mo–Sa geöffnet
nächstgelegene Station: U Walther-Schreiber-Platz
oder S + U Alexanderplatz

+8 Nø Cosmetics Store

Budget 🤑🤑

Geschäft für Kosmetikprodukte
Neue Schönhauser Straße 16, 10178 Berlin-Mitte
Mo–Sa geöffnet, nächstgelegene Station: U Weinmeisterstraße

+9 Humana

Budget 🤑🤑

Humana hat in Berlin 19 Secondhand-Kaufhäuser, wovon das größte an der Frankfurter Allee steht.
Frankfurter Tor 3, 10243 Berlin-Friedrichshain
Mo–Sa geöffnet, nächstgelegene Station: U Frankfurter Tor

MEINE SHOPPEN-BUCKETLIST

21 Bergmannstraße

Kein Bock ◯
mal schauen ◯
muss ich hin ◯

22 Dussmann das KulturKaufhaus

Kein Bock ◯
mal schauen ◯
muss ich hin ◯

23 Flohmarkt am Mauerpark

Kein Bock ◯
mal schauen ◯
muss ich hin ◯

24 H&M Mitte Garten

Kein Bock ◯
mal schauen ◯
muss ich hin ◯

25 Koku

Kein Bock ◯
mal schauen ◯
muss ich hin ◯

26 Kudamm

Kein Bock
mal schauen
muss ich hin

27 Mall of Berlin

Kein Bock
mal schauen
muss ich hin

28 NIVEA Haus

Kein Bock
mal schauen
muss ich hin

29 RAW Flohmarkt

Kein Bock
mal schauen
muss ich hin

30 Schloßstraße

Kein Bock
mal schauen
muss ich hin

31 Werken Spielen Schenken

Kein Bock
mal schauen
muss ich hin

Essen & Trinken

COOLE FOODSPOTS OHNE ENDE

Wir finden alles dort sehr, sehr lecker und erfrischend, auch wenn es nicht ganz billig ist.

Aber es lohnt sich echt, denn solche Sachen haben wir vorher noch nie gegessen. Also guten Appetit!

2D-Café Always Together

Budget 🤑 🤑

Das Café Always Together in Mitte hat einen coolen 2D-Effekt. Dort sind alle Stühle, Tische, Wände und die Theke weiß mit schwarzen Rändern, sodass es wie gezeichnet aussieht. Es gibt es viele außergewöhnliche süße Snacks, z. B. verschiedene koreanische Eiskreationen mit Matcha oder Adzukibohnen. Es werden aber auch eine Reihe kalter und warmer Getränke angeboten. In der Charlottenburger Filiale gibt es sogar Croffles (quasi ein Croissant als Waffel) mit coolen Toppings! 😐 Das Café Always Together wollen immer sehr viele Menschen besuchen und da es ein kleines Café ist, können nicht alle auf einmal rein. Es kann schon vorkommen, dass man kurz warten muss. Die Bänke vor dem Café eignen sich aber gut als Warteplätze. Wenn man dann aber drin ist, kann man an seinem Tisch sitzen, solange man möchte.

ℹ Große Hamburger Straße 24, 10115 Berlin-Mitte und Marburger Straße 17, 10789 Berlin-Charlottenburg ℹ täglich geöffnet
ℹ Nächstgelegene BVG-Station: Monbijouplatz

Gut zu wissen: Neben 2D und 3D gibt es auch noch 1D, 2½D und 4D.

Auch für Leute, die nicht vegan oder vegetarisch sind, ist es ein Traum. Man kann sich viel selbst zusammenstellen, ganz nach dem eigenen Geschmack. Wir persönlich fanden das hausgemachte Brot mit Hummus toll, vor allem weil das Brot noch warm war – einfach wunderbar.

CAFÉ NEUE LIEBE

Budget 🤑 🤑

Das Café „Neue Liebe“ ist ein sehr nettes und gemütliches Café, wo nur veganes und vegetarisches Essen angeboten wird. Die Einrichtung ist sehr schön und man fühlt sich wohl dort. Das Essen ist nicht zu übertreffen und reicht von Belgischen Waffeln über frischen Obstsalat bis zu leckeren Salatbowls. Vor allem Frühstück bieten sie dort an, aber man kann auch gut mittags oder nachmittags dort essen.

ℹ Rykestraße 42, 10405 Berlin-Prenzlauer Berg ℹ Mittwoch bis Montag geöffnet
ℹ Nächstgelegene BVG-Station: Marienburger Str.

Extra-Tipp
Das Café ist mitten in Prenzlauer Berg. In der Umgebung gibt es viele kleine und sehr ausgefallene Geschäfte zu entdecken.

Wenn du ein Croissant essen möchtest, das dich wirklich umhaut, bist du hier richtig!

CROISSANT COUTURE

Budget 🤑 🤑

Wie der Name schon sagt, bietet „Croissant Couture“ Croissants an. Es handelt sich aber nicht einfach um normale Croissants, nein, es gibt dort die verschiedensten Croissant-Rollen, die man sich nur vorstellen kann: von Schokoladengebäck bis Pistazien-Kringel, Zitronenpatisserie und Matcha-Croissants. Natürlich bekommt man dort auch das klassische Croissant – und auch das schmeckt viel besser als anderswo. Der Laden ist etwas teurer und sehr gefragt, sodass nachmittags schon meistens nur noch die Hälfte des Sortimentes vorhanden ist, also schnell dorthin!

ℹ Weinbergsweg 4, 10119 Berlin-Mitte ℹ täglich geöffnet
ℹ Nächstgelegene BVG-Station: U Rosenthaler Platz

Extra-Tipp
Der Weinbergsweg wird zur Kastanienallee. Dort und in den Seitenstraßen gibt es unzählige kleine und besondere Geschäfte.

CURRY 36

CURRY 36

Budget

Curry 36 ist ein Laden in der Nähe der Bergmannstraße in Kreuzberg. Hier gibt es Currywurst, aber auch vegetarische und vegane Würste. Manchmal ist dort eine kleine Schlange, aber die fünf Minuten, die man wartet, zahlen sich wirklich aus! Auch etwas zu trinken oder Pommes gibt es, aber die Currywurst ist und bleibt ihre Spezialität, daher auch der Name „Curry 36".

Mehringdamm 36, 10961 Berlin-Kreuzberg, täglich geöffnet, nächstgelegene BVG-Station: U Mehringdamm

Weitere Filialen von Curry 36 findet ihr hier:

Am Zoo: Hardenbergplatz 9, 10623 Berlin-Charlottenburg, täglich geöffnet, nächstgelegene BVG-Station: S + U Zoologischer Garten

Am Hauptbahnhof: Europaplatz 1, 10557 Berlin-Mitte, täglich geöffnet, nächstgelegene BVG-Station: S + U Hauptbahnhof

Am S-Bahnhof Warschauer Straße: 10243 Berlin- Friedrichshain, täglich geöffnet, nächstgelegene BVG-Station: S + U Warschauer Straße

Gut zu wissen: Der erste Stand von „Curry 36" war der in Kreuzberg. Die 36 steht in dem Namen, weil Kreuzberg früher in West-Berlin der Bezirk 36 war.

Hier gibt es, laut eigener Aussage, die beste Currywurst Berlins.

Wir können das aber absolut unterschreiben, denn sie machen wirklich sehr, sehr gute Currywurst. Also viel Spaß und guten Appetit!

Espresso
yourself

ENZO'S CAFÉ

Budget

Enzo's Café bietet japanische Pancakes mit frischen Früchten, Saucen und Füllung deiner Wahl an. Aber sogar ohne Extras sind diese Pancakes sehr, sehr lecker. Durch das aufgeschlagene Eiweiß sind sie doppelt so fluffig und voluminös wie

normale Pancakes und damit schon fast Soufflés. In der Glastheke gibt es auch noch viele kleine Törtchen oder andere Leckereien. Wenn man lieber etwas Salziges möchte, haben sie Omelette, Bagels, Bowls und mehr. Außerdem kann man Smoothies, Säfte, Kaffee oder Kakao trinken, aber auch leckere Limonaden und Softdrinks.

ℹ Kurfürstenstraße 101, 10787 Berlin-Charlottenburg ℹ täglich geöffnet
ℹ Nächstgelegene BVG-Station: Bayreuther Str.

Extra-Tipp
Das Enzo's ist direkt am Ku'damm. Hier gibt es überall Geschäfte, Sehenswürdigkeiten und alles Mögliche zu entdecken.

Alles mega lecker – bis auf die Riesenpickle (die hat für uns ein bisschen nach Plastik geschmeckt). Viel Spaß und guten Appetit!

Die Nerdsschlangen können wir euch sehr empfehlen, weil die irgendwie süß, aber auch ein bisschen sauer sind – und einfach toll!

HOUSE OF SWEETS

Budget 🤑 🤑

Wir haben noch nie so viele Süßigkeiten auf einmal gesehen! Im House of Sweets gibt es hauptsächlich American Sweets. Eine Abteilung ist gefüllt mit verschiedenen Pringles und Takis. Es gibt Nerds, Riesenpickles, japanische Ramen, viele, viele verschiedene Reese's-Produkte und noch vieles mehr. Am Eingang befindet sich sogar ein Automat, an dem man Süßigkeiten gewinnen kann. Gegenüber von der Kasse stehen vier Kühlregale mit verschiedensten Fanta-, Cola- und Spritesorten. Auch Getränke wie Prime oder Chupa Chups gibt es da.

Der Laden ist relativ teuer, mit fünf Euro kommt ihr da nicht so mega weit. Damit könntet ihr zwei Nerds-Schlangen kaufen. Das reicht euch aber vielleicht nicht …?

Wir glauben zwar nicht, dass man bei dem Laden denkt: Jo, jetzt geh ich mal ein paar Süßigkeiten einkaufen, aber es gibt halt viele Sachen, die man noch nie gesehen, geschweige denn gegessen hat. Man nimmt von dort vielleicht mehrere Sachen mit und lässt damit ungefähr schon 10 oder 20 Euro da.

ℹ Kranzler Eck Berlin, Joachimsthaler Straße 5–6, 10623 Berlin-Charlottenburg, Montag bis Samstag geöffnet, nächstgelegene BVG-Stationen: Zoologischer Garten, U Kurfürstendamm

Extra-Tipp: In der Umgebung gibt es viele Geschäfte, Cafés und Restaurants. Ihr könnt also noch eine ganze Weile dort bleiben.

Diese Bowl ist ein sättigender, erfrischender Snack für zwischendurch.

Jindaoui Bowl

Budget 🤑 🤑

Die Jindaoui Bowl wurde von der auf Tik Tok und YouTube bekannten jungen Familie Jindaoui erfunden. Die Bowl besteht aus Açai- und Himbeermus, obendrauf sind ein paar frische Früchte. Die Influencerfamilie lebt selbst in Berlin und hat die Bowl auch erstmalig hier rausgebracht. Mittlerweile gibt es die Jindaoui Bowl aber auch in anderen Städten Deutschlands. Die Jindaouis produzieren Content für Social Media. Damit haben sie auch ihre Bowl erfolgreich und beliebt gemacht. Nader Jindaoui und seine Frau Louisa bekamen im Oktober 2021 ihre Tochter und im März 2024 ihren Sohn, die sie auch auf Social Media teilen, wo sie alle Zuschauer und Fans wortwörtlich verzaubern.

ℹ Die Jindaoui Bowl gibt es ausschließlich bei **Wonder Waffel**:

1. Wonder Waffel, Schloßstraße 128, 12163 **Berlin-Steglitz**, täglich geöffnet
   Nächstgelegene BVG-Station: U Walther-Schreiber-Platz
2. Wonder Waffel, Mall of Berlin, Leipziger Platz 12, 10117 **Berlin-Mitte**, Montag bis Samstag geöffnet, Nächstgelegene BVG-Station: S + U Potsdamer Platz
3. Wonder Waffel, Adalbertstraße 88, 10997 **Berlin-Kreuzberg**, täglich geöffnet
   Nächstgelegene BVG-Station: Adalbertstr./Oranienstr.
4. Wonder Waffel, Stromstraße 14, 10559 **Berlin-Moabit**, täglich geöffnet
   Nächstgelegene BVG-Station: U Turmstraße

Extra-Tipp: Wenn ihr bei Wonder Waffel in der Schloßstraße oder in der Mall of Berlin seid, könnt ihr gleich noch shoppen gehen (Tipps 27 und 30).

Konnopke's-Diner
Konnopke's-Diner
Krasse Konkur-
renz für Curry 36
(Tipp 35)
Die Currywurst
ist richtig lecker,
das könnt ihr
uns glauben!

KONNOPKE

Budget

Konnopke ist ein Currywurststand, der sich direkt am U-Bahnhof Eberswalder Straße unter der Brücke befindet und den es schon sehr lange gibt. Dort kann man Currywurst von wenig bis richtig scharf essen, es gibt aber auch sehr, sehr gute Pommes, Bouletten, vegane Currywurst und jede Menge verschiedene Getränke. Im Winter haben sie sogar manchmal Glühwein, aber der ist ja mit Alkohol ... Bei schlechtem Wetter kann man sich in ein kleines Häuschen setzen, dann ist einem gleich wärmer.

ℹ Schönhauser Allee 44b (unter der Hochbahn), 10435 Berlin-Prenzlauer Berg
ℹ Dienstag bis Samstag geöffnet (nur bis 18 Uhr!) ℹ Nächstgelegene BVG-Station: U Eberswalder Straße

FUN Fact *Manche erzählen, dass es einen Punkt im Hals gibt, der Konnopke heißt, und dass, wenn man den in irgendeiner Weise berührt, man schnell tot ist. Nach der Arbeit haben sich Menschen hier eine Currywurst geholt. Über ihren Köpfen fuhr die U-Bahn über die Brücke und wenn das passierte, während sie gerade runterschluckten, berührte die Currywurst den* ***Konnopke-Punkt*** *in ihrem Hals und sie waren tot. Aber Leute, macht euch keine Sorgen, diesen Konnopke-Punkt gibt es nicht wirklich!*

Rüyam®
GEMÜSE
Wir glauben, dass wir noch nie so einen guten Döner gegessen haben!
LES JARDINS

Rüyam Gemüsekebab

Budget

Hier gibt es den wohl besten Döner Berlins. Das denken allerdings sehr viele, weshalb regelmäßig eine ziemlich lange Schlange davor ist . Wir mussten ungefähr eine halbe Stunde anstehen, aber es hat sich gelohnt! Während man wartet, gibt es gratis türkischen schwarzen Tee. Man muss aber aufpassen: Wenn man einen Gemüse-Kebab oder einen Gemüse-Teller bestellt, ist da Hähnchenfleisch dabei. Wer kein Fleisch essen möchte, kann natürlich auch etwas Vegetarisches bestellen.

Hauptstraße 36, 10827 Berlin-Schöneberg · täglich geöffnet
Nächstgelegene BVG-Station: Albertstr.
Weitere Filiale: Schönhauser Allee 44a, 10435 Berlin-Prenzlauer Berg
täglich geöffnet · Nächstgelegene BVG-Station: U Eberswalder Straße

Extra-Tipp
Neben der Filiale in Berlin-Schöneberg gibt es einen Asia Markt. Er ist schön übersichtlich und man findet viele coole Sachen dort. Neben asiatischen Lebensmitteln gibt es auch typisch koreanisches und japanisches Geschirr.

Gut zu wissen: Einen **Schokobrunnen** kann man sich auch für Zuhause kaufen – für alle, die gar nicht genug bekommen können.

Schöne und das Biest

Budget 🤑 🤑

Das Besondere an dem Café „Schöne und das Biest“ ist, dass man dort Schokobrunnen mit heller, dunkler oder Milchschokolade bestellen kann! Dann bestellt man z.B. Früchte dazu, die in die flüssige Schokolade gehalten werden können. In dem Schokobrunnen ist sehr viel Schokolade, man muss sich also keine Sorgen machen, dass es nicht reicht. Außerdem gibt es bei „Schöne und das Biest“ auch ganz viele andere leckere Dinge wie Waffeln, Crêpes oder Schokofondue. Um zu bestellen, scannt man einen Code, wählt aus und kann dann gleich online bezahlen, aber das geht natürlich auch bar. Das Café ist schön gestaltet mit einer Rosenwand, die vielleicht nicht jedermanns Geschmack ist, aber uns hat sie gut gefallen. Außer den Schokobrunnen gibt es noch viele andere leckere Sachen wie Waffeln, Crèpes oder Schokoladenfondue.

ℹ Mainzer Straße 20, 10247 Berlin-Friedrichshain ℹ täglich geöffnet
ℹ Nächstgelegene BVG-Station: U Samariterstraße

Der Laden an sich ist nicht super gemütlich und ziemlich unscheinbar, aber es lohnt sich wirklich dorthin zu gehen!

Sie verkaufen dort auch hausgemachte Limonade und sogar ihren eigenen Merch. Wir finden das Restaurant echt cool und sehr empfehlenswert!

THE BIG DOG

Budget

The Big Dog ist ein ganz besonderer Laden in der Nähe vom Leipziger Platz. Um genau zu sein, ist es ein Restaurant,

aber eher im McDonald's-Style. Dort gibt es die verschiedensten und außergewöhnlichsten Hot Dogs, die wir je gesehen haben. Man kann sich natürlich auch einen ganz normalen Hot Dog bestellen, aber es gibt sie auch mit Currywurst, Chili con Carne oder Sauerkraut, vegetarisch und vegan – und sogar mit Schokolade. Es werden so viele verschiedene Sorten und Arten angeboten, dass man sie gar nicht alle aufzählen kann!

ℹ Ebertstraße 3, 10117 Berlin-Mitte ℹ täglich geöffnet ℹ Nächstgelegene BVG-Station: S + U Potsdamer Platz

Gut zu wissen: Hot Dogs gibt es schon seit über 100 Jahren. Manche vermuten tatsächlich, dass ganz ursprünglich Hundefleisch in den Hot-Dog-Würstchen war und daher auch ihr Name kommt.

Gut zu wissen:

Zimt und Zucker mischt man am besten im Verhältnis 1:10, also zehn Löffel Zucker und einen Löffel Zimt. Die Mischung kann man in einem Schraubglas nicht nur gut durchmischen, indem man das Glas schüttelt. Sie ist dort drinnen auch lange haltbar.

Zimt & Zucker

Budget

Zimt & Zucker ist ein sehr gemütliches Café in Berlin-Mitte. Dort gibt es viele leckere süße und auch herzhafte Sachen. Das Personal ist sehr freundlich und generell haben wir uns dort wohlgefühlt. Das Café ist in einem eher älteren Stil und mit vielen kleinen Verzierungen sehr schön eingerichtet.

Es ist für uns immer schön, in dieses typisch berlinerische Café zu gehen. Tolle Atmosphäre, leckeres Essen. Wir können es nur weiterempfehlen!

Schiffbauerdamm 12, 10117 Berlin-Mitte · täglich geöffnet
Nächstgelegene BVG-Station: U Oranienburger Tor
Es gibt noch einen zweiten Standort:
Potsdamer Straße 103, 10785 Berlin-Tiergarten · Dienstag bis Sonntag geöffnet · Nächstgelegene BVG-Station: U Kurfürstenstraße

Sehr große und sättigende Schnecken, deshalb ist unser Tipp, sich erstmal eine zu teilen.

Die Zimtschnecken sind nämlich auch nicht so günstig, ihren Preis aber definitiv wert.

Zimt-Schnecke

Budget

Wie der Name einem verrät, gibt es in dem Kreuzberger Laden „Die Zimtschnecke“ natürlich Zimtschnecken. Aber

nicht nur „normale“ Zimtschnecken, es gibt dort die ausgefallensten und leckersten Zimtschnecken, z.B. mit Pistazie, Raffaello oder Giotto. Sie sind immer gut mit verschiedenen Cremes und Toppings befüllt, da ist wirklich für jeden etwas dabei. Das Café ist sehr gemütlich. Es gibt drinnen allerdings nicht so viele Plätze, man kann aber auch draußen sitzen.

ℹ Reichenberger Straße 107, 10999 Berlin-Kreuzberg ℹ Dienstag bis Sonntag geöffnet ℹ Nächstgelegene BVG-Station: Glogauer Str.
Weitere Filiale: ℹ Sonnenallee 330, 12057 ℹ Nächstgelegene BVG-Station: Michael-Bohnen-Ring

Extra-Tipp
Ihr seid ganz in der Nähe des Görlitzer Parks. Hier könnt ihr spazieren gehen oder in der Schwarzlichtzone Schwarzlicht-Minigolf spielen (Reservierung empfohlen).

WEITERE ESSEN & TRINKEN-TIPPS

+1 Klunkerkranich

Budget 🤑🤑

Auf dem Oberdeck der Neukölln Arcaden versteckt sich dieser tolle Dachgarten, von dem aus man auch einen schönen Blick hat.
Einlass unter 18 Jahren ab 16 Uhr nur in Begleitung der Eltern.
Karl-Marx-Straße 66, 12043 Berlin-Neukölln
Do–So geöffnet, nächstgelegene Station: U Rathaus Neukölln

+2 Unsicht-Bar

Budget 🤑🤑🤑

Hier kann man im Dunkeln essen.
Saarbrücker Straße 36–38, 10405 Berlin-Mitte
Mo und Do–Sa geöffnet, Reservierung notwendig
nächstgelegene Station: U Senefelder Platz

+3 Winterfeldt-Schokoladen

Budget 🤑🤑

Hier kann man tolle Schokolade kaufen und sich im Café ausruhen.
Goltzstraße 23, 10781 Berlin-Schöneberg, täglich geöffnet
nächstgelegene Station: U Nollendorfplatz

+4 Thai Bridge

Budget 🤑

Ein Street-Food-Markt im Park am Gleisdreieck mit asiatischem Essen.
Jules B-Part, Luckenwalder Straße 6b, 10963 Berlin-Kreuzberg
Fr geöffnet, nächstgelegene Station: U Gleisdreieck

+5 Fatoush
Budget

Hier gibt es authentische syrische Küche mit Hummus und Falafel. Zwei der vier Filialen:

1. Simon-Dach-Straße 41a, 10245 Berlin-Friedrichshain
täglich geöffnet, nächstgelegene Station: U Samariterstraße

2. Falckensteinstraße 7, 10997 Berlin-Kreuzberg
täglich geöffnet, nächstgelegene Station: U Schlesisches Tor

+6 Alte Backstube
Budget

Hier bekommt man das beste Eis in Zehlendorf.
Martin-Buber-Straße 18, 14163 Berlin-Zehlendorf
täglich geöffnet, nächstgelegene Station: S Zehlendorf

+7 Café im Huadou Soy Concept Store
Budget

Im Café bekommt man Vieles aus Soja. Unerwartet und sehr lecker!
Linienstraße 205, 10119 Berlin-Mitte, täglich geöffnet
nächstgelegene Station: U Rosenthaler Platz

+8 Comebuy TEA
Budget

In den zehn Berliner Filialen kann man viele verschiedene Bubble-Tea-Variationen trinken.
https://comebuy2002.de/locations.html

+9 Ritter Sport – Bunte Schokowelt Berlin
Budget

In dem Shop und der Schokoladenmanufaktur von Ritter Sport kann man seine eigene Schokolade zusammenstellen.
Friedrichstraße 83, 10117 Berlin-Mitte
Mo–Sa geöffnet, nächstgelegene Station: U Unter den Linden

MEINE ESSEN-UND-TRINKEN-BUCKETLIST

32 2D-Café Always Together

Kein Bock
mal schauen
muss ich hin

33 Café Neue Liebe

Kein Bock
mal schauen
muss ich hin

34 Croissant Couture

Kein Bock
mal schauen
muss ich hin

35 Curry 36

Kein Bock
mal schauen
muss ich hin

36 Enzo's Café

Kein Bock
mal schauen
muss ich hin

37 House of Sweets

Kein Bock
mal schauen
muss ich hin

38 Jindaoui Bowl

Kein Bock ◯
mal schauen ◯
muss ich hin ◯

39 Konnopke

Kein Bock ◯
mal schauen ◯
muss ich hin ◯

40 Rüyam Gemüsekebab

Kein Bock ◯
mal schauen ◯
muss ich hin ◯

41 Schöne und das Biest

Kein Bock ◯
mal schauen ◯
muss ich hin ◯

42 The Big Dog

Kein Bock ◯
mal schauen ◯
muss ich hin ◯

43 Zimt & Zucker

Kein Bock ◯
mal schauen ◯
muss ich hin ◯

44 Zimtschnecke

Kein Bock ◯
mal schauen ◯
muss ich hin ◯

BERLIN *für Teenager*

Sport & Spass

ALLES FÜR FUN-JUNKIES

5

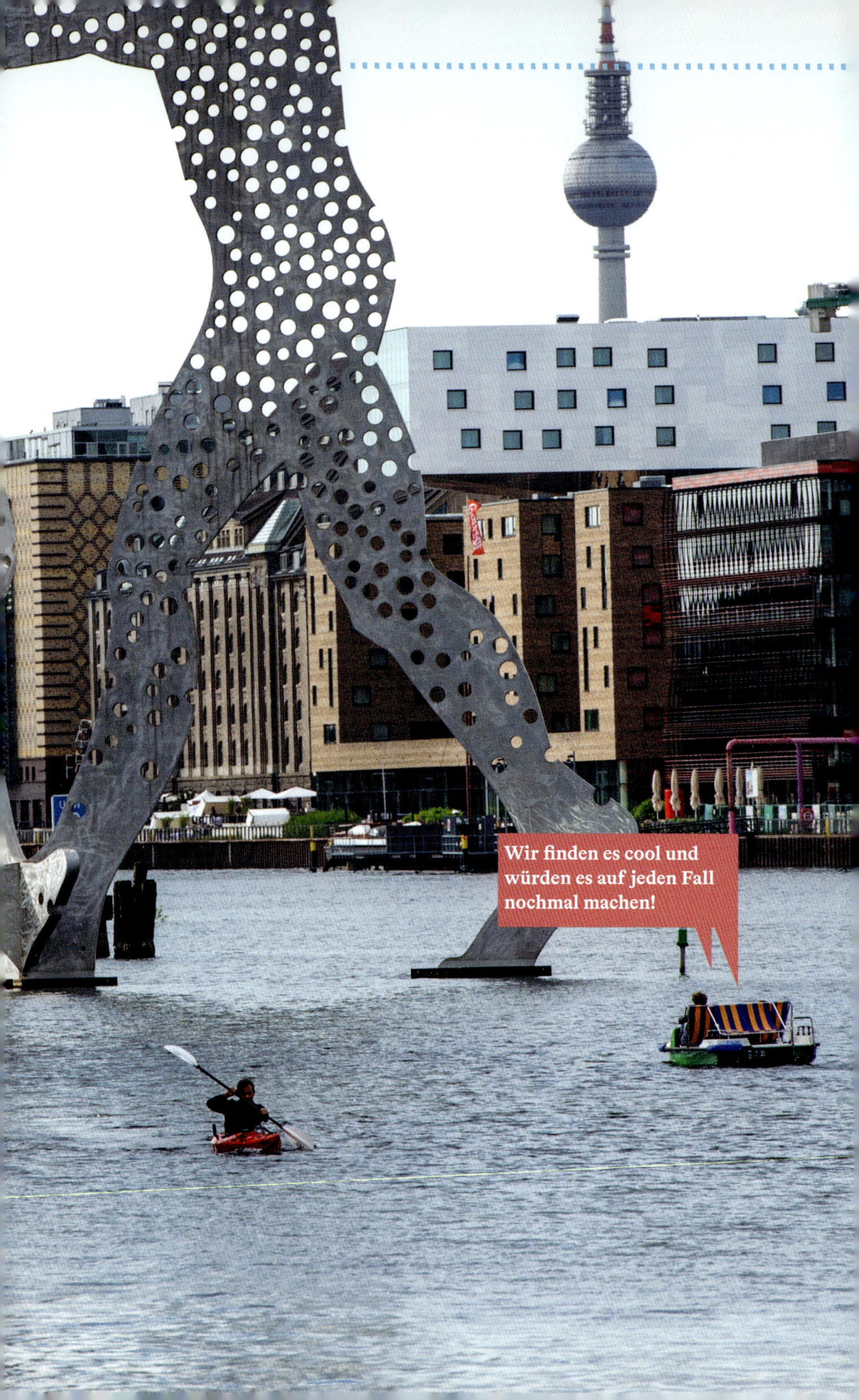
Wir finden es cool und
würden es auf jeden Fall
nochmal machen!

Bootsverleih Kreuzberg

Budget 🤑🤑

Das begehrteste Tretboot Berlins findet ihr an der Spree beim Bootsverleih Kreuzberg. Es hat die Form eines Flamingos! Vom Boot aus sieht man viele der Berliner Sehenswürdigkeiten wie zum Beispiel den Fernsehturm, den Molecule Man oder die Oberbaumbrücke. Auf dem Tretboot fahren mindestens zwei Personen und höchstens vier mit. Zu dritt hat es uns am meisten Spaß gemacht, weil sich dann immer jemand von uns ausruhen konnte.

ℹ Vor dem Schlesischen Tor 2, 10997 Berlin-Kreuzberg (hinter dem Restaurant Freischwimmer) ℹ täglich geöffnet ℹ Nächstgelegene BVG-Station: Heckmannufer

Extra-Tipp
Wenn ihr die Puschkinallee ein paar Minuten entlanglauft, kommt ihr zum Treptower Park, der ziemlich groß, schön und perfekt zum Chillen ist.

Manchmal muss man vor den Räumen ein paar Minuten anstehen, aber es macht auf jeden Fall sehr viel Spaß.

DeJa Vu Museum

Budget 🤑🤑

Im DeJa Vu Museum werden optische Täuschungen gezeigt, beispielsweise in Räumen mit vielen Spiegeln und Licht, was dann immer wieder reflektiert wird. Da kann man natürlich auch coole Fotos machen. Das Museum ähnelt ein

bisschen dem The Upside Down (Tipp 50), weil es dort auch coole Fotospots gibt. Das ganze Museum ist sehr abwechslungsreich und deshalb auch so interessant. Es ist sehr verwinkelt, hat viele kleine Gänge und an jeder Ecke wartet eine neue und spannende Attraktion auf dich. Bis 14 Jahre darf man allerdings nur mit einem Erwachsenen ins Museum.

ℹ Rochstraße 14c, 10178 Berlin-Mitte ℹ täglich geöffnet ℹ Nächstgelegene BVG-Station: S + U Alexanderplatz

GUT ZU WISSEN Déjà-vu kommt aus dem Französischen und bedeutet „schon gesehen“. Es ist die Bezeichnung für eine Erinnerungstäuschung, bei der man glaubt, eine bestimmte Situation schon einmal erlebt zu haben, obwohl das gar nicht stimmt.

EDELRID
Uns hat es richtig gut gefallen. Viel Spaß beim Springen und Essen! Also, essen besser hinterher :D

JUMP House

Budget

Das JUMP House ist eine Halle mit vielen, vielen Trampolinen. Die Trampoline stehen aber nicht nur langweilig herum, es gibt zum Beispiel auch ein Schaumstoffbad, also eine Vertiefung mit sehr vielen Schaumstoffkugeln und -würfeln. Man springt auf einem Trampolin und lässt sich dann da reinfallen. Es gibt dort auch noch ganz viel anderes zu erleben. Am besten einfach hingehen und ausprobieren! In der oberen Etage befindet sich ein Restaurant, in dem man eine Pause machen kann.

Miraustraße 38, 13509 Berlin-Reinickendorf · täglich geöffnet
Nächstgelegene BVG-Station: Miraustr.

Extra-Tipp
In Berlin-Tempelhof gibt es auch einen Trampolinpark, der ähnlich ist: den Sprung.Raum.
Malteserstraße 139–142, 12277 Berlin-Tempelhof

EXTRA-TIPP Zwei weitere Kletterparks in Berlin sind:

- BergWerk. Berlin (indoor, Stendaler Straße 25, 12627 Berlin-Hellersdorf)
- Kletterwald Wuhlheide (outdoor, An der Wuhlheide 199, 12459 Berlin-Oberschöneweide)

MountMitte

Budget 🤑🤑🤑

MountMitte ist ein Kletterpark mit vielen coolen Stationen. Auf der ersten Ebene gibt es zum Beispiel ein Surfbrett und ein Bobbycar. Natürlich ist man die ganze Zeit gesichert! Auf der zweiten Ebene fanden wir das Pedalo besonders cool. In der dritten Etage schweben sogar zwei Autos in der Luft, in die man sich sogar reinsetzen kann. Ganz oben gibt es noch etwas ganz Besonderes, den SkyFall. Das ist ein Brett in etwa 15 Metern Höhe, von dem man runterspringen kann. Man springt natürlich nicht bis zum Boden, sonst würde man sich wahrscheinlich schwer verletzen. Man hat drei Meter freien Fall und wird dann von dem Sicherheitsseil gestoppt. Vor Ort wird einem das Ganze gut erklärt.

Unter 13 Jahren darf man nur in Begleitung eines Erwachsenen klettern, ab 13 dann alleine, wenn man ein von den Eltern unterschriebenes Formular dabei hat. Wenn ihr mit Freundinnen oder Freunden dort seid, brauchen die auch eine Einverständniserklärung ihrer Eltern.

Es gibt auch noch eine Adrenalinschaukel, für die man zwar drei Euro extra zahlen muss, aber das lohnt sich auf jeden Fall! Wir haben uns in die Schaukel gesetzt und wurden dann langsam 90 Grad nach oben gefahren. Dort mussten wir einen Hebel bedienen und sind dann meegaaaa schnell hin und her geschaukelt. Es war schon sehr scary, hat aber echt Spaß gemacht!

ℹ Caroline-Michaelis-Straße 8, 10115 Berlin-Mitte ℹ In den Sommermonaten täglich geöffnet ℹ Nächstgelegene BVG-Station: S Nordbahnhof

Chillen, am Strand liegen, ins Wasser gehen, dann wieder chillen und am Strand liegen. Nice!
Eine wirklich schöne Idee für den Sommer!
LES JARDINS

Strandbad Wannsee

Budget 🤑🤑

Das Strandbad Wannsee liegt, wie der Name schon sagt, an einem Strand am Wannsee. Der Unterschied zu einem normalen Strand am See ist, dass er riesig ist und es hier sogar Strandkörbe gibt. Es ist das wohl beliebteste und bekannteste Strandbad Berlins – und eines der größten Europas, weswegen es dort auch nicht immer ganz leer ist. Trotzdem ist es einen Ausflug im Sommer wert! Über 1275 Meter erstreckt sich der Strand, da findet man sicherlich ein Plätzchen. :) Man kann nicht unbegrenzt weit schwimmen, da irgendwann die Zone kommt, in der die Schiffe fahren. Aber ein ziemlich weites Stück darf man schon raus. Man kann sich auch kleine Ruderboote oder Stand-Up-Paddles mieten.

ℹ Wannseebadweg 25, 14129 Berlin-Nikolassee ℹ Im Sommer täglich geöffnet
ℹ Nächstgelegene BVG-Station: S Nikolassee

GUT ZU WISSEN Das Strandbad Wannsee hat auch einen historischen Hintergrund. Zum Beispiel ist unter anderem Adolf Hitler dort hin und wieder schwimmen gegangen.

Wir waren echt geflasht!
Cool, wie viele verschiedene Kulissen es gibt, die alle auf ihre eigene Art richtig geil sind!

the Upside Down

Budget 🤑🤑🤑

The Upside Down befindet sich im „The Playce", einer Mall am Potsdamer Platz. Es ist ein Studio mit Kulissen, in denen man Fotos machen kann. Es gibt beispielsweise einen Raum, der so gemacht ist, dass es auf dem Foto so wirkt, als würden alle auf dem Kopf stehen. Oder man

kann sich witzig verkleiden. Dort findet man so viele tolle und abwechslungsreiche Kulissen (sogar ein riesiges Bällebad!), dass man sich echt nicht entscheiden kann, welche die beste ist. Außerdem gibt es Instagram-taugliche Snacks und sogar Karaoke-Räume, in denen sich die eigenen Lieblingssongs trällern lassen!

ℹ Im The Playce, Alte Potsdamer Straße 7, 10785 Berlin-Tiergarten
ℹ täglich geöffnet ℹ Nächstgelegene BVG -Station: S + U Potsdamer Platz

Weitere Sport & Spass-Tipps

+1 Schwarzlicht-Minigolf

Budget 💲💲

Minigolf im Dunkeln im fluoreszierenden Licht

1. 3D Black Light Mini Golf
Ordensmeisterstraße 1–3, 12099 Berlin-Tempelhof
täglich geöffnet, nächstgelegene Station: U Ullsteinstraße

2. Black Light Mini Golf
Görlitzer Straße 1, 10997 Berlin-Kreuzberg, Di–So geöffnet
nächstgelegene Station: U Görlitzer Bahnhof

3. Schwarzlicht Insel Berlin
Goerzallee 190, 14167 Berlin-Steglitz, Fr–So geöffnet
nächstgelegene Station: Billy-Wilder-Promenade

+2 Skydiving

Budget 💲💲💲

Im Windkanal fliegen

1. Windobona, Landsberger Allee 268, 10367 Berlin-Lichtenberg. Unter 18 Jahren benötigt man eine schriftliche Einverständniserklärung eines Erziehungsberechtigten
Do–Mo geöffnet , nächstgelegene Station: Genslerstraße

2. Hurricane Factory, Waßmannsdorfer Allee 3, 12529 Schönefeld. Unter 18 Jahren benötigt man eine schriftliche Einverständniserklärung eines Erziehungsberechtigten.
Mi–So geöffnet, nächstgelegene Station: S Waßmannsdorf

+3 Wellenwerk

Budget 💲💲💲

Auf einer großen Welle indoor surfen

Landsberger Allee 270, 10367 Berlin-Lichtenberg
Unter 18 Jahren braucht man eine schriftliche Erlaubnis der Erziehungsberechtigten.
Mi–So geöffnet, nächstgelegene Station: Genslerstraße

+4 Berlin Dungeon

Budget 🤑🤑🤑

Hier wird es richtig gruselig.
Spandauer Straße 2, 10178 Berlin-Mitte
Unter 14 Jahren nur in Begleitung eines Erwachsenen
täglich geöffnet, nächstgelegene Station: S Hackescher Markt

+5 Skate-Halle Berlin

Budget 🤑

Guter Ort für alle, die gerne skaten
Revaler Straße 99, 10245 Berlin-Friedrichshain
Manche Kurse und Workshops haben ein Mindestalter.
Di–So geöffnet, nächstgelegene Station: S + U Warschauer Straße

+6 DER KEGEL

Budget 🤑🤑

Auf dem RAW-Gelände in Friedrichshain steht ein alter Bunker, an dem an der Außenwand sowie in einer Halle im Inneren geklettert und gebouldert werden kann.
Revaler Straße 99, 10245 Berlin-Friedrichshain, täglich geöffnet, nächstgelegene Station: S + U Warschauer Straße

+7 Bergwerk.Berlin

Budget 🤑🤑🤑

Abwechslungsreicher Indoor-Kletterpark
Stendaler Straße 25, 12627 Berlin-Hellersdorf
Unter 12 Jahren hat man nur Zutritt in Begleitung eines Erwachsenen. Ab 12 Jahren darf man alleine klettern, braucht aber eine Einverständniserklärung der Eltern.
Do–So geöffnet, nächstgelegene Station: U Hellersdorf

MEINE SPORT-UND-SPASS-BUCKETLIST

45 Bootsverleih Kreuzberg

Kein Bock ◯

mal schauen ◯

muss ich hin ◯

46 DeJa Vu Museum

Kein Bock ◯

mal schauen ◯

muss ich hin ◯

47 JUMP House

Kein Bock ◯

mal schauen ◯

muss ich hin ◯

48 MountMitte

Kein Bock

mal schauen

muss ich hin

49 Strandbad Wannsee

Kein Bock

mal schauen

muss ich hin

50 The Upside Down

Kein Bock

mal schauen

muss ich hin

IMPRESSUM

Bildnachweis Alle Fotografien stammen von Gesine Palm, Nora Klinger oder von ihren Bekannten, bis auf folgende: 123rf: 8 AdobeStock: 16, 19, 20 (u.), 22 (beide), 23 (l.), 26, 38/39, 46, 47, 49, 50, 55, 66/67, 68 (großes Bild), 78, 80 (o.), 81, 94/95, 102 (o.), 108 (Schriftzug „Wonder Waffel"), 126/127, 129, 136 Beiersdorf Hautpflege GmbH, Foto: Oliver Tjaden: 83 (o.) Deutschlandmuseum Berlin-Mitte: 44, 45 JUMP House/Tom Menz: 132 minigram Studio für Markendesign GmbH: 30 (u.) Picture alliance: 54 (Maurizio Gambarini), 84 (beide; Jochen Eckel), 85 (ZB/Sascha Steinach), 110 (Currywurst und Brötchen; imageBROKER/Arnulf Hettrich), 129 (Soeren Stache) Pixabay: 30 (o.), 31 Rüyam Gemüse Kebab: 113 tmdb.org: 33 Zimtschnecke, Foto: Manuel Krug: 120, 121

Bibliografische Information der Deutschen Nationalbibliothek
Die Deutsche Nationalbibliothek verzeichnet diese Publikation in der Deutschen Nationalbibliografie; detaillierte bibliografische Daten sind im Internet über http://dnb.d-nb.de abrufbar.

Alle Rechte vorbehalten. Dieses Werk, einschließlich aller seiner Teile, ist urheberrechtlich geschützt. Jede Verwertung außerhalb der engen Grenzen des Urheberrechtsgesetzes ist ohne Zustimmung des Verlages unzulässig und strafbar. Das gilt insbesondere für Vervielfältigungen, Übersetzungen, Mikroverfilmungen, Verfilmungen und die Einspeicherung und Verarbeitung auf DVDs, CD-ROMs, CDs, Videos, in weiteren elektronischen Systemen sowie für Internet-Plattformen.

Zu Fragen der Produktsicherheit wenden Sie sich bitte an herstellung@bebraverlag.de.

4., aktualisierte Auflage 2026
© 2024 BeBra Verlag GmbH
Asternplatz 3, 12203 Berlin
post@bebraverlag.de
Lektorat: Marijke Leege-Topp, Berlin
Innengestaltung und Umschlag: Matthias Wittig, *fernkopie,* Berlin
(Foto: Gesine Palm und Nora Klinger)
Schrift: Bradford und viele fun fonts
Druck und Bindung: Finidr, Český Těšín
ISBN 978-3-8148-0295-4

Stand der Informationen: April 2026

www.bebraverlag.de